Sehn wir Galg und Räder stehen

Räuber und Gerichtsbarkeit in der Oberpfalz des 18. und frühen 19. Jahrhunderts, am Beispiel der Bande des Franz Troglauer (1754 - 1801)

Abbildung der Ausstellungstafeln

von Bernhard Weigl

Bibliografische Information der Deutschen Nationalbibliothek:
Die Deutsche Nationalbibliothek verzeichnet diese Publikation in der
Deutschen Nationalbibliografie; detaillierte bibliografische Daten
sind im Internet über dnb.dnb.de abrufbar.

Herstellung und Verlag: BoD – Books on Demand, Norderstedt.
ISBN: 9 783754 383902

Umschlaggestaltung: Bernhard Weigl

Homepage des Autors:
https://bernhardweigl-buecher.hpage.com

Die Umschlagvorderseite zeigt von links nach rechts: Halsgeigen (Stadtmuseum Neustadt/WN, siehe Seite 19), Einlieferungsbefehl des Franz Troglauer in das Zuchthaus Amberg 1786 (Staatsarchiv Amberg, siehe Seite 11), der Burglengenfelder Galgen im heutigen Zustand (siehe Seite 26), Hochgericht Waldthurn (nach der Pfalz-Neuburgischen Landesaufnahme, Pflegamt Flossenbürg, Christoph Vogel und Mathäus Stang, 1601, Bavarikon.de), Eisenfesseln (Stadtmuseum Neustadt/WN, siehe Seite 22).
Die Umschlagrückseite zeigt als Diorama den Rekonstruktionsvorschlag des Autors für den Burglengenfelder Galgen im 18. Jahrhundert.

Vorwort:

Im Jahr 2008 konzipierte ich in Zusammenarbeit mit dem Freilandmuseum Neusath/Perschen die Ausstellung „Sehn wir Galg und Räder stehen". Auslöser waren meine Forschungen und mein Buch zum Oberpfälzer Räuber Franz Troglauer gewesen. In diesem Rahmen gelang es, ganz wunderbare und erstaunliche Gegenstände zum Thema Gerichtsbarkeit aus der ganzen Oberpfalz zusammenzutragen. Leider war es damals aus zeitlichen Gründen nicht möglich, einen Ausstellungskatalog anzufertigen.

2010 wurde diese Ausstellung dann in verkleinerter Form in Neustadt/WN wiederholt und im Jahr 2022 findet sie in der Burg Dagestein in Vilseck statt.

Der Räuber Troglauer hat hierbei eine erstaunliche Karriere hingelegt. Obwohl er bis vor einigen Jahren komplett in Vergessenheit geraten war, brachte er es inzwischen schon zu einer Figur im Puppentheater, zu einem Auftritt im Freilichttheater in Weißenburg und zu einem eigenen großen Theaterstück in Vilseck vom Autor Bernhard Setzwein. Auch wenn wir über Troglauer inzwischen einiges wissen, sein Charakter und seine Beweggründe werden uns wohl auf immer verschlossen sein. Mit Sicherheit wäre es aber falsch, irgendeine Art Robin Hood in ihm oder seinen Miträubern zu sehen. Andererseits stammt unser Wissen natürlich rein aus den Quellen seiner Strafverfolger. Und diese schilderten ihn naturgemäß nicht besonders positiv.

Der Titel der Ausstellung „Sehn wir Galg und Räder stehen" ist ein Zitat aus dem sogenannten „Straßenräuberlied" aus dem frühen 19. Jahrhundert. Die Worte geben recht gut wieder, was unsere Vorfahren auf ihren Reisen erblickten. Kaum ein größerer Ort kam ohne einen Galgen auf seinem Gebiet aus. Überall konnte man diese auf den Galgenbergen erblicken. Manchmal stand eben auch ein auf einen langen Pfosten aufgestelltes Wagenrad dabei. Das Rädern war eine besonders grausame Todesstrafe. Dabei wurden dem Verurteilten die Glieder mit einem schweren Rad zerstoßen. Hernach band man den geschundenen Körper auf ein Wagenrad und stellte es neben dem Galgen zur Abschreckung auf.

Das alles sind nicht unbedingt Themen für empfindsame Gemüter. Allerdings darf die Ausstellung durchaus auch zum Nachdenken über den Schrecken der Todesstrafe und die große Errungenschaft ihrer Abschaffung bei uns anregen.

Das Thema Gerichtsbarkeit in der Oberpfalz im 18. und frühen 19. Jahrhundert ist in einer kleinen Ausstellung niemals erschöpfend zu würdigen. Trotzdem beinhalten die Ausstellungstafeln so viel Text, dass dieser kaum bei einem einzelnen Besuch zu lesen und vor allem nicht zu merken ist. Deshalb ist jetzt dieses kleine Heft mit der Abbildung der einzelnen Tafeln entstanden. Sozusagen eine Ausstellung zum mit nach Hause nehmen. Wer sich für Franz Troglauer näher interessiert, dem darf ich auch mein Buch „Der Galgen ist mein Grab" empfehlen.

Bilder, die durch die Verkleinerung dieser Ausstellungstafeln unlesbar wurden, habe ich im Anhang vergrößert wiedergegeben.

Ich bedanke mich sehr herzlich bei allen Leihgebern, die für die Ausstellung Gegenstände zur Verfügung gestellt haben.

Bernhard Weigl

Inhalt:

„Nirgendwo trif(f)t man mehr Räder, Galgen und Schergen an, als in Bayern. Hier sind die Landstrassen auf beeden Seiten mit Galgen bepflanzt, so wie sie in policirten Ländern mit Maulbeerbäumen bepflanzt sind. Man muß gestehen, die Criminalgerechtigkeit ist scharf, kurz und exakt. Es ist ein Unglück, daß sie es zu seyn nöthig hat. Diese Gesetztugend scheint eine Folge vom Laster selbst zu seyn. Ohne die Schärfe der Gerichte, spricht der Postillion, der mich heute führte, würde unserm Churfürsten die Mütze auf dem Kopfe nicht sicher seyn."

(aus „Reise durch Ober-Deutschland", Anselmus Rabiosus (Wilhelm Ludwig Wekhrlin), Salzburg und Leipzig 1778.)

„Die Todesstrafe ist abgeschafft."

(Art. 102, Grundgesetz der Bundesrepublik Deutschland, 1949.)

"Sehn wir Galg und Räder stehen"

Räuber und Gerichtsbarkeit in der Oberpfalz
des 18. und frühen 19. Jahrhunderts, am
Beispiel der Bande des Franz Troglauer (1754 - 1801)

von Bernhard Weigl

Das 18. Jahrhundert wird in Deutschland manchmal auch das Jahrhundert der großen Räuberbanden genannt. Räuber wie der sogenannte Schinderhannes oder der Bayerische Hiasl sind heute noch in lebendiger Erinnerung, nicht zuletzt durch Verfilmungen aus der Mitte des 20. Jahrhunderts.

Dass es auch in der Oberpfalz durchaus gefürchtete und zu ihren Lebzeiten berühmte Räuber (wie z.B. Franz Troglauer) gab, war lange Zeit vergessen.
Diese Ausstellung soll helfen, diese Personengruppe wieder in Erinnerung zu rufen.

Soweit es sich durch die Aktenlage nachweisen lässt, handelte es sich bei den meisten Räubern nicht um eine Art Robin Hood, die etwa den Reichen nahmen und den Armen gaben. Gestohlen und geraubt wurde vielmehr, wo sich die Gelegenheit dazu ergab.
Genauso darf man jedoch nicht vergessen, dass unser heutiges Wissen über diese Räuber meist von deren Verfolgern stammt, wir also über die Motive der Täter wenig wissen. Sicher wurden viele durch die äußeren Umstände in ein kriminelles Leben gezwungen. Möglicherweise war auch der Anreiz zu Straftaten hoch, da die Strafverfolgung, verglichen mit heute, sehr unvollkommen war.

Abbildung rechts:
Hinrichtung in Regensburg 1739

Deutsche Räuberbanden
im 18. und frühen 19. Jahrhundert

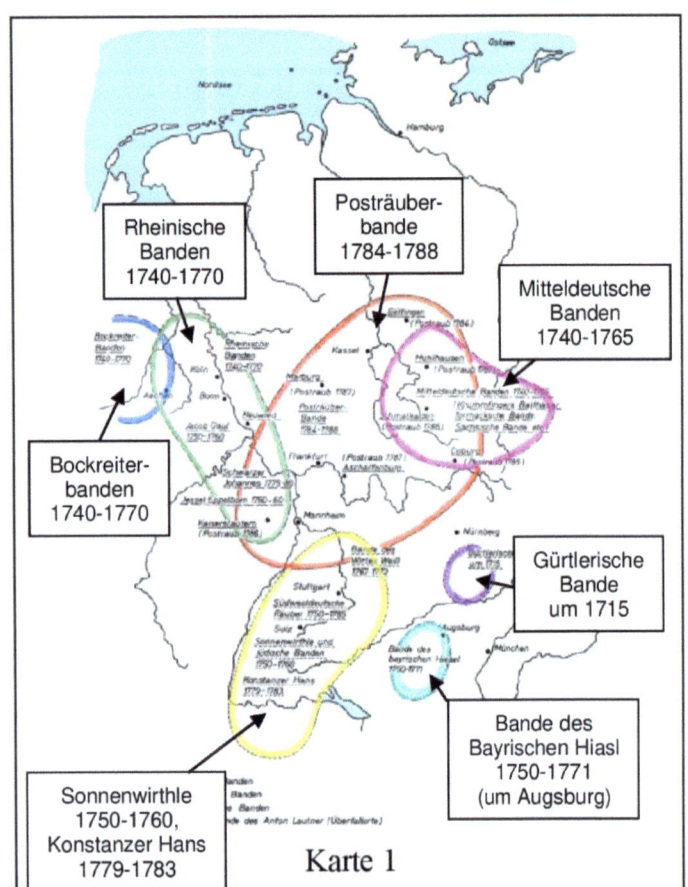

Rheinische Banden 1740-1770

Posträuber-bande 1784-1788

Mitteldeutsche Banden 1740-1765

Bockreiter-banden 1740-1770

Gürtlerische Bande um 1715

Sonnenwirthle 1750-1760, Konstanzer Hans 1779-1783

Bande des Bayrischen Hiasl 1750-1771 (um Augsburg)

Karte 1

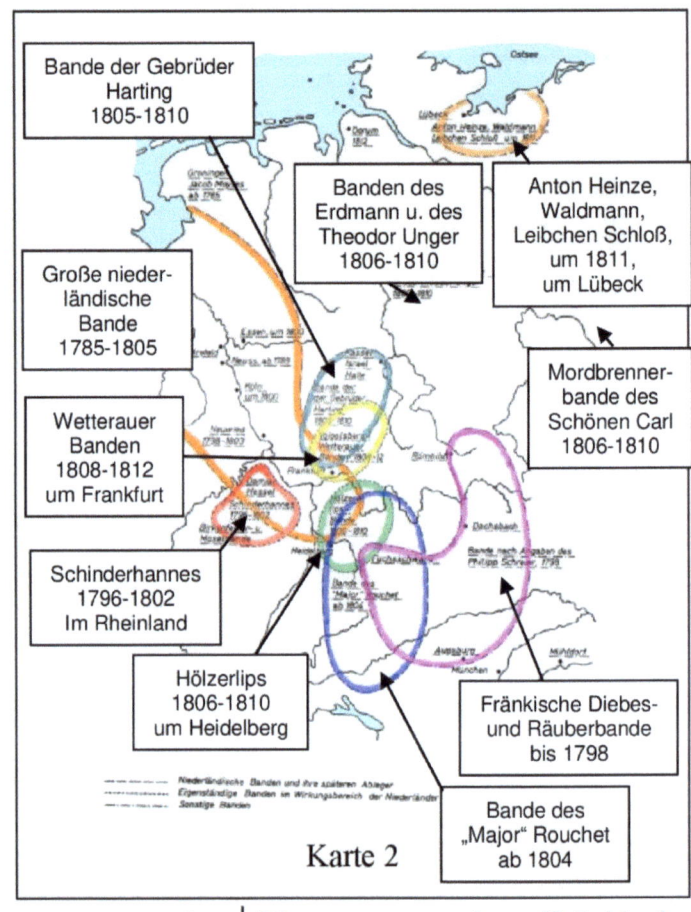

Bande der Gebrüder Harting 1805-1810

Banden des Erdmann u. des Theodor Unger 1806-1810

Anton Heinze, Waldmann, Leibchen Schloß, um 1811, um Lübeck

Große nieder-ländische Bande 1785-1805

Wetterauer Banden 1808-1812 um Frankfurt

Schinderhannes 1796-1802 Im Rheinland

Hölzerlips 1806-1810 um Heidelberg

Mordbrenner-bande des Schönen Carl 1806-1810

Fränkische Diebes- und Räuberbande bis 1798

Bande des „Major" Rouchet ab 1804

Karte 2

Im Jahr 1976 hat Carsten Küther versucht, die Verbreitung der ihm bekannten Räuberbanden im Deutschland des 18. und frühen 19. Jahrhunderts auf zwei Karten zu übertragen (nachkoloriert).
Bekannteste Bande auf Karte 1 dürfte die des Matthias Klostermayr oder des sogenannten Bayerischen Hiasl (hellblau um Augsburg) gewesen sein. Dieser wurde 1771 in Dillingen hingerichtet. Auf Karte 2 war der Räuber Johannes Bückler, alias Schinderhannes (rot im Rheingebiet) wohl der berühmteste.

Die sogenannte „Fränkische" oder auch „Fürther Diebes- und Räuberbande", zu der die Oberpfälzer Geschwister Troglauer gehörten, ist hier violett eingetragen (als Bande nach Angaben des Philipp Schreier 1798).

(Quelle: Räuber und Gauner in Deutschland",
(Kritische Studien zur Geschichtswissenschaft 20),
Carsten Küther, Göttingen 1976).

Berühmte Räuber des 18. Jahrhunderts

Berüchtigte Räuber gab es im 18. Jahrhundert natürlich in allen Gegenden der Welt. Als Beispiele sollen nachfolgend drei dieser Persönlichkeiten vorgestellt werden. Einer aus dem europäischen Ausland, einer aus dem Deutschen Reich und einer aus Bayern.

Europäisches Ausland (als Beispiel: Frankreich)

Name: Louis Mandrin
Geboren: 11. Februar 1725 in Saint-Etienne-de-Saint-Geoirs

Lebenslauf:

Mandrin stammt aus einer angesehenen Familie und wird beim Tod des Vaters erst 17-jährig Familienoberhaupt. Durch seine Geschäfte mit der französischen Armee gerät er in Streit mit der „Ferme générale", privaten Steuereintreibern im Dienste des Staates. Mandrin erklärt diesen schließlich offen den Krieg. Er wird Oberhaupt einer Bande, die zwischen Frankreich, der Schweiz und Savoyen schmuggelt. Teilweise hat er 300 Personen unter sich. Die „Ferme générale" sendet schließlich 500 ihrer als Bauern verkleideten Männer nach Savoyen und läßt Mandrin nach Frankreich verschleppen. Dort wird ihm der Prozess gemacht.

Hinrichtung:
Am 26. Mai 1755 wird Mandrin in Valence vor 6000 Schaulustigen gerädert (zerstoßen aller Körperglieder mit einem schweren Wagenrad).

Nachruhm:
Filme, Romane usw.
Der Schattenriss des obigen Stiches dient als Signet dieser Ausstellung.
(Quelle: Wikipedia-Frankreich)

Deutsches Reich

Name: Johannes Bückler
Spitzname: Schinderhannes
Geboren: wahrsch. 25. Mai 1783 in Miehlen (Taunus)

Lebenslauf:

Bückler stammt aus einer Abdeckerfamilie. Im Alter von 14 Jahren stiehlt er seinem Meister sechs Kalbfelle und eine Kuhhaut und verkauft diese. Dafür wird er öffentlich ausgepeitscht. Damit beginnt die räuberische Karriere des Johannes Bückler. Er schließt sich einer Bande an und wird schließlich deren Oberhaupt. Diese besteht aus ein bis drei Dutzend Männern. Die Räuberbande lebt von Diebstahl, Raub und Erpressung. Er geht auch gegen die damalige französische Besatzungsmacht vor.
Als er sich der französischen Armee anschließen will, wird er erkannt und verhaftet.

Hinrichtung:
Bückler wurde am 21. November 1803 im damals französischen Mainz durch die Guillotine enthauptet. 40.000 Zuschauer sollen damals diesem Schauspiel beigewohnt haben.

Nachruhm:
Über das Leben des „Schinderhannes" wurden sowohl Romane geschrieben, als auch Filme gedreht (1958 mit Curd Jürgens in der Hauptrolle). Er muss als der wohl berühmteste deutsche Räuber gelten.
(Quelle: Wikipedia-Deutschland)

Bayern

Name: Matthias Klostermayr
Spitzname: Bayerischer Hiasl
Geboren: 3. September 1736 in Kissing (bei Augsburg)

Lebenslauf:

Klostermayr war Jagdgehilfe bei den Jesuiten, verlor diese Anstellung jedoch aufgrund eines harmlosen Faschingsscherzes. Er hatte einen Pater, der auf der Jagd versehentlich eine Katze erschossen hatte, als Katzenschützen verspottet. Er begann mit der Wilderei und wurde der Anführer verschiedener Wilderer- und Räuberbanden, die ihre Beute angeblich teilweise an die Armen verteilten. Sie überfielen regelmäßig Jäger und Amtsleute und nahmen deren Waffen an sich. Erst ein großes Militäraufgebot konnte ihn stellen.

Hinrichtung:
Klostermayr wurde am 6. September 1771 in Dillingen gerädert (vorher erdrosselt). Anschließend wurde er noch geköpft und geviertelt. Seine Körperteile wurden an verschiedenen, weit voneinander entfernten Galgen zur Abschreckung aufgehängt.

Nachruhm:
Er ist heute der berühmteste bayerische Räuber und Wilderer. Erzählungen, Romane, Werbefigur usw.
(Quellen: Wikipedia-Deutschland, „Bayerns böse Buben", Heiner Boehncke und Hans Sarkowicz, 1997)

Der oberpfälzische Räuberhauptmann Franz Troglauer

Diebe,
Lumpen, Gauner
gab es in der Oberpfalz
natürlich nicht weniger und
nicht mehr als in anderen
Gegenden Deutschlands auch.

Als einen der wenigen,
wenn nicht sogar den einzigen
richtigen <u>Räuberhauptmann</u> der
Oberpfalz im 18. Jahrhundert
muss man hier jedoch Franz
Troglauer aus dem Markt
Mantel aufführen.

Die Familie

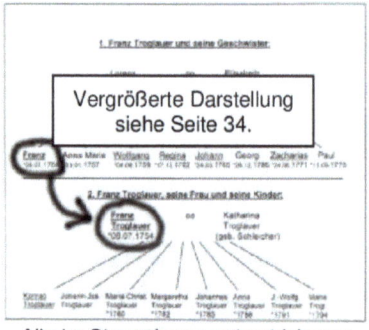

Bevölkerungsliste mit dem dreijährigen
Franz (Staatsarchiv Amberg, Amt Parkstein 3075/I)

Franz wurde am 8. Juli 1754 in
Mantel als Ältester von acht
Geschwistern geboren. Sein Vater
war Weber. Diesen Beruf ergriffen
auch Franz und seine Brüder.

Vergrößerte Darstellung
siehe Seite 34.

Alle im Stammbaum unterstrichenen
Personen wurden später straffällig.

Franz heiratete und hatte acht
eheliche Kinder.

Der Mann ohne Gesicht

Von Franz Troglauer existiert weder
Abbildung noch Steckbrief. Alles, was
wir über sein Aussehen wissen, wurde
dem damaligen Schriftverkehr der
Gerichte entnommen.

Name: **Franz Troglauer**
Geboren: **8. Juli 1754**
Wohnort: **Markt Mantel/
Oberpfalz**
Beruf: **Weber**
Besondere Kennzeichen:
**Eine starke Narbe
auf der linken Backe**
Kleidung: **Kurze grüne Jacke mit
grünen Aufschlägen**

Zeittafel

1754	Franz Troglauer wird im Markt Mantel geboren.
1773	Er wird als Soldat angeworben und erschlägt in Mantel beinahe einen anderen jungen Mann.
1786	Franz Troglauer wird im Landgericht Parkstein gefangen gehalten und anschließend zu einer sechsmonatigen Zuchthausstrafe in Amberg verurteilt (Wilderei?).
1796/97	Franz Troglauer sitzt ein halbes Jahr in Untersuchungshaft in Vilseck.
1797	Die sog. fränkische Diebes- und Räuberbande bestiehlt u.a. den Weihbischof von Bamberg.
Okt-Nov. 1798	Die fränkische Diebes- und Räuberbande wird aufgedeckt. Viele Mitglieder werden verhaftet, Franz Troglauer wird in Regensburg arrestiert.
Nov. 1798	Franz Troglauer kann aus Stadtamhof fliehen.
Nov-Dez. 1798	Franz und sein Bruder Johann werden in Straubing verhaftet. Franz kann offenbar wieder fliehen.
Anfang 1799	Franz Troglauer hält sich mit einem seiner Brüder wieder in der nördlichen Oberpfalz auf. Er beginnt eine eigene Räuberbande um sich zu scharen.
Sommer 1799	Drohbrief Troglauers an den Schultheiß von Neumarkt.
Okt. 1799	Franz Troglauer versucht den Landrichter von Parkstein zu ermorden.
1799 bis 1800	Franz Troglauer durchstreift mit seiner eigenen Räuberbande die Oberpfalz und Franken.
Dez. 1800	Franz Troglauer wird in Freystadt verhaftet. Ihm wird in Amberg der Prozeß gemacht.
Mai 1801	Hinrichtung Franz Troglauers in Amberg.

Franz Troglauer - Erste Straftaten

1773 – versuchter Totschlag in Mantel

Der Parksteiner Landrichter schreibt später, dass Franz Troglauer schon in seiner Jugend ein Dieb und Räuber gewesen sei. 1773 befanden sich zwei Musketiere in Mantel auf Urlaub. Hier betätigten sie sich auch als Soldatenanwerber. Als sie mit Troglauer über dessen Anwerbung einig wurden, begossen sie den Handel im Wirtshaus.

Der Gasthof zur Post (ehemals „Zum Hirschen") in Mantel. Vor diesem Gebäude hätte Troglauer 1773 beinahe einen anderen jungen Manteler erschlagen.

Im Wirtsraum befand sich auch ein anderer junger Manteler namens Hochmuth. Offenbar hatte Troglauer mit diesem noch eine kleine Rechnung offen. Hochmuth spürte irgendwann ein kleines Bedürfnis und besuchte den sogenannten „Abtritt". Als er wieder in den Raum kam, sagte er zu den Soldaten „sie sollten rucken" damit er wieder zu seinem Platz könne. Der eine Soldat namens Kost packte ihn jedoch am Hals und Troglauer um den Leib und am Arm. So führten sie den Hochmuth vor das Wirtshaus. Dort begannen sie sogleich, ihn mit dem Säbel auf den Kopf und in die linke Seite zu schlagen. Hierbei tat sich Troglauer wohl besonders hervor. Zum Glück schritten der Amtsbürgermeister und der katholische Nachtwächter ein, sonst heißt es, hätten sie den Hochmuth tödlich zugerichtet.
Als der Landrichter von Grafenstein verständigt wurde, war Troglauer schon nicht mehr greifbar.

1786 – Zuchthaus in Amberg

Landgerichtsgebäude in Parkstein
(Quelle: „Historischer Rundgang durch Parkstein", herausgegeben vom Heimatkundlichen Arbeitskreis Parkstein, 1997).

1786 finden wir Franz Troglauer im Landgericht in Parkstein inhaftiert. Der Haftgrund geht aus den Akten nicht einwandfrei hervor. Es spricht jedoch alles für Wilderei. Der Landrichter Georg von Grafenstein sendet einen Bericht über die Untaten Troglauers an die Regierung in Amberg. Erhalten ist die Antwort aus Amberg. Diese gibt Befehl, dass der Franz Troglauer „als ein öfters corrigirter und gefährlicher Mißiggänger" für ein halbes Jahr in das Zuchthaus nach Amberg zu bringen sei. Troglauers Hirschfänger, sein Hut und seine Flinte wurden öffentlich versteigert.

Extrakt
aus dem Verhörs-Protokoll.

Actum Markt Dachsbach den 18. August, 1798.

Ließ der inhaftirte Johann Philipp Schreier durch den Gerichtsknecht Denner um ein Verhöre bitten, weil er wichtige Entdeckungen zu machen hätte; und als man ihm solches sofort bewilligte, so sagte er:

N. N.

Wenn man mich selbst für einen Spitzbuben und für ein Mitglied von der mir wohl bekannten großen Räuberbande hält, so kann zwar dieß daher rühren, weil ich mir ein eigenes Geschäft daraus machte, als ein Mann, der immer auf der Straße seyn mußte, sie alle, so viel als möglich, kennen zu lernen.

Ich habe deßwegen auch ihre Sprache ganz einstudiert, und allenthalben, wo ich mit einem bekannt werden, sowohl ihre Niederlagen und

| Text siehe Seite 35. |

Einlieferungsbefehl für Franz Troglauer in das Amberger Zuchthaus – 1786. (Staatsarchiv Amberg, Landrichteramt Parkstein Nr. 108).

1796/97 – Haft in Vilseck

Aus späterem Schriftverkehr wissen wir, dass Franz Troglauer insgesamt dreimal – zusammen zwei Jahre – im Amberger Zuchthaus einsaß. Einmal davon war er sogar entwischt.

Im Jahr 1796 saß er in Vilseck in Untersuchungshaft. Ihm wurde vorgeworfen, ein Pferd gestohlen zu haben. Er selbst behauptete, er habe das Pferd einem Deserteur abgekauft.

Burg Dagestein in Vilseck. Hier dürfte Franz Troglauer 1796/97 inhaftiert gewesen sein (Quelle: „Die Burg Dagestein", Eugen Hierold in Chronik der Stadt Vilseck, 1981).

Die Untersuchung zog sich so in die Länge, dass sich Franz Troglauers Ehefrau veranlasst sah, Beschwerde bei der Regierung in Bamberg einzureichen. Schließlich wurde folgendes Urteil gefällt: Troglauer, hieß es, wäre dem peinlichen Gesetzbuch gemäß eigentlich mit ewigem Kerker zu bestrafen. Da man jedoch keinen auswärtigen Kriminellen (Vilseck war eine Enklave des Bistums Bamberg in bayerischem Gebiet) ernähren wollte, wurde die Strafe abgewandelt: Franz Troglauer wurde mit einer Tafel mit der Aufschrift „berüchtigter Dieb" öffentlich an den Pranger gestellt und anschließend ins benachbarte „Ausland" (Amt Parkstein) abgeschoben. Zusätzlich sollten die Bürger durch Zeitungsberichte vor diesem Betrüger gewarnt werden.

Die fränkische Diebes- und Räuberbande

Um 1790 – Mitgliedschaft in der „Großen fränkischen Diebes- und Räuberbande"

Fünf der Geschwister Troglauer (Franz, Wolfgang, Regina, Johann und Zacharias), Franz Troglauers ältester Sohn Konrad und auch zwei Schwäger waren Mitglieder der sogenannten „Großen fränkischen Diebes- und Räuberbande". <u>Franz wird als einer der Rädelsführer bezeichnet.</u> Die Geschwister betrieben anscheinend einen Kleinhandel (Hausierer) mit oberpfälzischen Waren in Franken. Wolfgang Troglauer war zeitweise Pächter einer Wirtschaft auf der Hadermühle vor den Toren Nürnbergs. Die Bande wurde auch nach einem der Brennpunkte ihrer Tätigkeiten „Fürther Diebes- und Räuberbande" genannt.

Merkmale dieser Räuberbande waren:
- etwa 180 Mitglieder
- kein offenes Auftreten, alles wird im Geheimen durchgeführt
- geraubt wird nur in kleinen Gruppen
- hervorragende Organisation (die Bande hatte sogar einen eigenen Buchdrucker, der falsche Pässe, Adelsbriefe usw. herstellte)
- die Mitglieder gehörten verschiedensten Religions- (katholisch, evangelisch, jüdisch) und Gesellschaftsgruppen an

Eiglwirth.

1797 – Diebstahl beim Bamberger Weihbischof

Ein Diebstahl verdient ganz besondere Erwähnung: Im Jahr 1797 hatte eine Gruppe bei einem Einbruch beim Bamberger Weihbischof „aus der Kapellenstuben alles vorfindige Silber, den Weihbischofsstab, Lavor, Kennlein, Handtücher, sämtliche Messgewänder, Alben" entwendet. Die Diebe hätten wohl noch mehr erbeutet, wenn sie nicht von der Haushälterin vertrieben worden wären. Der Gesamtschaden dieser Aktion belief sich auf sage und schreibe 12.000 Gulden. Von den Troglauer-Brüdern war zumindest Johann Troglauer daran beteiligt.

Der Weihbischofshof in Bamberg (heute neues Rathaus).
(Kupferstich von Georg Christoph Wilder, nach 1810)

Der Marktplatz von Fürth. Stich von J.A.Boener 1704. *„...In Fürth sind die Hauptspitzbuben-Niederlagen bisher bey dem französischen Tanzmeister, welcher den goldenen Stern in Pacht hat ..."* (Dachsbacher Protokoll)

1798 – Untergang der fränkischen Bande

1798 wurde im Markt Dachsbach in Franken ein Bandenmitglied inhaftiert. Um seine eigene Haut zu retten, machte dieser Philipp Schreier allerhand Angaben zur Räuberbande. Das erhaltene Verhörprotokoll (sog. Dachsbacher Protokoll) gibt uns heute einen hervorragenden Einblick in die Arbeitsweise einer damaligen Diebesbande.
Als man Schreier die Freiheit versprach, gab er schließlich vollends alle ihm bekannten Mitglieder der Räuberbande an. In den verschiedensten Städten wurden diese Personen nun in Arrest gesetzt.

Erste Seite des Dachsbacher Protokolls (Staatsarchiv Landshut, Pfleggericht Neumarkt B8).

Zitate aus dem Dachsbacher Protokoll, 18. August 1798:

„...So oft sie auf Raub ausgehen, hat allemal wenigstens einer eine Pistole bey sich ..."

„...Diejenigen, die z.T. mit Kutschen fahren und gemeiniglich Weibsbilder bei sich haben, sind allemal, wenn sie auf Raub ausgehen, von zwei bis drei Kerlen zu Fuß begleitet, die vorne oder hinter dem Wagen drein gehen. Dann kommen sie nicht miteinander, sondern nach und nach in dem Wirtshaus an, wo sie stehlen wollen.

Diejenigen, so in der Kutsche gekommen, verlangen immer, wenn sie Weibsbilder bei sich haben, besondere Betten für solche, unter dem Vorwand, dass sie keine Eheleute wären; ...

Wann dann alles im Bette ist, so helfen sie selber mitstehlen, was sie können. Ihre Fußbegleiter schleichen sich sonach mit der gestohlenen Waare fort.

Die in der Kutsche gekommenen, bleiben aber nebst ihren eigenen Kutschern ruhig liegen, und dann haben sie schon festgesetzte Orte, wo sie wieder zusammen kommen, oder wo sie wenigstens alle Nachrichten erhalten, wo jeder zu treffen ist."

12

th wie er von Schließelwroth gegen Mittag an Zusehen Anno 1704

Rotwelsch

Die Mitglieder der „Fränkischen Diebes- und Räuberbande" bedienten sich, um ihre Pläne und Absichten nicht zu verraten, untereinander einer eigenen Sprache. Diese Gaunersprache ist in Deutschland unter dem Namen Rotwelsch oder auch, nicht ganz korrekt, Jenisch bekannt. Am 13. November 1798 veröffentlichte die Bamberger Regierung im Wochenblatt „Fränkischer Merkur" eine ganze Reihe von Wörtern, die von dieser Räuberbande benutzt wurden. Die Angaben gingen wahrscheinlich auf den Gefangenen Philipp Schreier zurück.

Gaunersprache der „Großen Fränkischen Diebes- und Räuberbande", veröffentlicht in der Wochenzeitung „Der Fränkische Merkur" vom 13. November 1798:

Deutsch		Rotwelsch	Deutsch		Rotwelsch
Die Gesellschaft unter sich	=	Schor	Das Bekennen	=	Raunen oder Quatschen
Die finstere Nacht	=	eine gute Ficht	Die Kinder	=	Schratzen
Eine Leiter	=	Rapina	Ein Theil	=	Ein Schapol
Das Verabreden	=	Abtieben	Die Strümpfe	=	Srrafeln
Die Bettziegen	=	Blößen	Die Augen	=	Die Scheinung
Das Tragen	=	Bickeln	Das Verstecken	=	Verschobern
Die Hosen	=	Buchsen	Ein Zeichen	=	Zenten
Das Verhör	=	Fallenz	Die Häuser	=	Kante
Der Pfarrer	=	Gollaken	Die Keller	=	Tiefkohl
Das Mädchen	=	Galster	Die Kammern	=	Klemine
Die Frau	=	Goye	Die Schafe	=	Koße
Das Vorstellen	=	Herunterrumpeln	Die Schweine	=	Losen
Das Hemd	=	Hanfstaude	Die Ochsen	=	Kapoe
Das Essen	=	Kippen	Die Kühe	=	Triling
Das Kaufen	=	Stehlen	Die Halstücher	=	Schnabäle
Das Leben	=	Keus	Die Erdäpfel	=	Scheppeln
Das Geld	=	Kuß	Die Äpfel	=	Bummerling
Die Betten	=	Matten	Die Birne	=	Schnittling
Das Brod	=	Maro			
Der Rock	=	Malpes			

Satzbeispiel auf Rotwelsch:
...Dann schmuße d´Schiankel lau mehr vom Manaschwareköhre, dann wird vom kiebese g´schmußt, und vom schnüre, vom Dollme und vom Dalljone.
Losst se madiwwere wie sie wolle, die Kyre; - noch scheffe mer lau dowes. Und werde me t´schi gezopft; Schode, was malochnet´s? – Weiter kann´s lau holche, als ans Hayes; und so beckern mer dann als grandige Chassne-Malochner!
Hei ja, Viva! Mer beckern wie grandige Kaffer!

Übersetzung ins Hochdeutsche:
...Dann sprechen die Richter nicht mehr vom Zuchthaus; dann wird vom Köpfen geredet, vom Galgen und Schinder.
Laßt sie sprechen, wie sie wollen, die Richter; - noch sind wir frei. Und werden wir je gefangen; Närrchen was tut´s? Weiter kann es nicht gehn, als ans Leben; und so sterben wir dann als große gewaltige Räuber!
Hei ja, Viva! Wir sterben wie berühmte Männer.

Textbeispiel aus: „Aktenmäßige Geschichte der Räuberbanden an den beiden Ufern des Mains, im Spessart und im Odenwalde. – Nebst einer Sammlung und Verdollmetschung mehrerer Wörter aus der Jenischen oder Gauner-Sprache." (Heidelberg, 1812).

Troglauer auf der Flucht

September bis November 1798

Bereits kurz nach dem Verrat an der Bande waren schon viele Mitglieder verhaftet. Franz Troglauer wurde mit seiner Gefährtin in Regensburg arrestiert. Es wurden umfangreiche Steckbriefe der verhafteten und der noch flüchtigen Personen versandt. Nachfolgend die Stellen, die sich mit den Troglauern beschäftigen:

Inhaftiert waren demnach:
beim königlich preußischen Justizamt Markt Dachsbach:
- *Wolfgang Troglauer, aus Mantel in der obern Pfalz gebürtig, bisheriger Beständner von der Hadermühle bey Nürnberg ist von der Hauptbande*

beim königlich preußischen Justizamt Fürth (seit 20. September auf der Festung Wülzburg):
- *Konrad Troglauer, aus Mantel in der obern Pfalz*
- *dessen Concubine Anna Barbara Bäumlerinn*
- *Johann Fried, von Königsfeld im Bambergischen*
- *dessen Eheweib Regine, eine geborhne Troglauerinn aus Mantel*

in der freien Reichsstadt Regensburg:
- Franz Troglauer *aus Mantel in der obern Pfalz*
- *dessen Concubine, Christine Rock (eigentlich Bock), mit zwei Kindern*

Genauere Beschreibungen finden sich bei den noch auf freiem Fuß befindlichen Bandenmitgliedern:
Johann Troglauer, aus Mantel in der obern Pfalz gebürtig, seiner Profession ein Weber, war 7 Jahre Musquetier unter den pfälzischen Truppen, wo er nachher desertirte, ist ungefähr 36-40 Jahre alt, großer starker Statur, hat hellbraune in das Gelbliche fallende lange Haare in einen Zopf gebunden, ein länglichtes jedoch rothes und dickes Gesicht, und schwarze Zähne, ist vorzüglich an der linken Hand kennbar, an welcher ihm an einem Finger ein Glied fehlet, so er sich im Exerciren weggeschossen hat. Hat sonst gewöhnlich einen grünen Rock mit einer Doppelflinte und Büchsensacke getragen, und sich, wenn er einen Zehrpfenning verlanget, für einen vacierenden Jäger, mit Vorzeigung eines von einem angeblichen Forstmeister ausgestellten Zeugnisses, ausgegeben; soll dermalen einen weißen Halbrock mit tüchenen Knöpfen, auch zuweilen einen blauen Rock mit Stiefeln tragen. Er hat diesem Sommer bey einem versuchten Einbruche hinter Schnattach einen Fuß gebrochen, woran er ebenfalls kenntlich ist. (In der Liste ist außerdem vermerkt, dass Johann Troglauer zu den Personen gehörte, die an den Kirchendiebstählen beteiligt waren.)

(Steckbrief vom 19. Oktober 1798, Stadtarchiv Nürnberg, B13 – Schöffenamt – 224/71.)

November 1798 – Flucht aus Regensburg

Über die Haft Franz Troglauers in Regensburg läßt sich wenig ermitteln. Etwa im November 1798 sollten die Gefangenen von der freien Reichsstadt Regensburg in die ansbachische Festung Wülzburg überführt werden. Als der Transport über die Steinerne Brücke auf die andere Seite der Donau kam, gab es anscheinend rechtliche Probleme. Jedenfalls wurden die Gefangenen hier vom kurbayerischen Militär abgenommen. Dabei konnte Franz Troglauer entwischen.

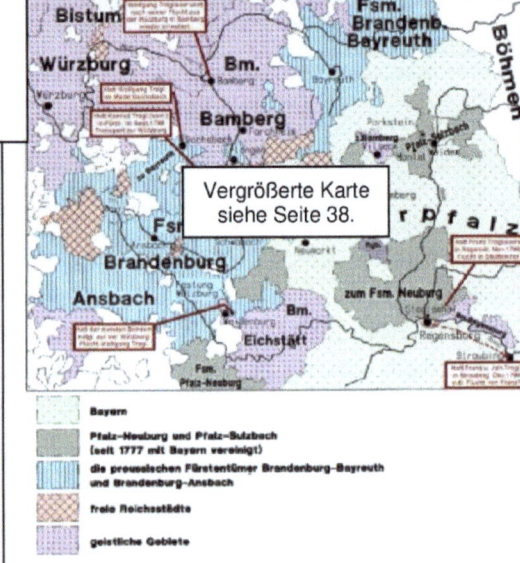

Das heutige Nordbayern Ende des 18. Jahrhunderts (politische Grenzen 1789). Die verwirrenden Grenzen machen deutlich, wie schwierig es für die einzelnen Gerichte war, Straftäter zu verfolgen, bzw. wie leicht es für Gauner und Räuber war, sich durch Überschreiten von Landesgrenzen der Verfolgung eines Gerichtes zu entziehen (Zeichnung: Bernhard Weigl).

Vergrößerte Karte siehe Seite 38.

November bis Dezember 1798 – Haft in Straubing und Flucht

Nach der Flucht aus Regensburg zog sich Franz mit seinem Bruder Johann in die Straubinger Gegend zurück. Dort wurden sie verhaftet. Vielleicht hielt man sie für Deserteure. In der Haft verriet Franz anscheinend aus Unachtsamkeit seine Identität. Zur weiteren Klärung wurde der Landrichter Georg von Grafenstein auf Parkstein angeschrieben. Dieser schilderte Franz Troglauer in seinem Brief nach Straubing als übelsten Kerl, den man am besten zu den anderen Häftlingen in die preußische Festung Wülzburg überführen solle. Franz konnte aus der Haft in Straubing entkommen. Die genauen Umstände sind unbekannt. Möglicherweise hatte er jedoch die Hilfe eines korrupten Gerichtsdieners.

Festung Wülzburg bei Weißenburg (Merian 1649). Hier wurden die meisten Bandenmitglieder inhaftiert.

Bild oben: Steinerne Brücke in Regensburg im Jahr 1786 (nachkoloriert).

Troglauer – die eigene Bande
(1799)

Anfang 1799 erscheint Franz Troglauer wieder in der nördlichen Oberpfalz. Nun hatte er nicht mehr viel zu verlieren. Er wurde steckbrieflich gesucht und eine Belohnung war auf seine Ergreifung ausgesetzt.

Besonders verhasst war ihm der Landrichter Georg von Grafenstein. An diesem wollte er sich für vermeintlich erlittenes Unrecht rächen. So äußerte er immer wieder Morddrohungen und versuchte diesem aufzulauern, um ihn zu ermorden.

Im Lauf der Zeit scharte Franz Troglauer eine eigene kleine Bande um sich. Diese bestand aus mindestens sechs bis sieben Männern. Die Bande war wohl in der ganzen Oberpfalz unterwegs, aber auch in Nürnberg soll Franz Troglauer zu dieser Zeit noch gesichtet worden sein.

Georg von Grafenstein
(1742-1823). Landrichter auf Parkstein. Eifriger Verfolger der Troglauerbande, musste jedoch einen Mordversuch Troglauers befürchten.
(Gemälde im Besitz der Familie von Grafenstein, Obersteinbach/Markt Taschendorf).

Kirchenthumbach (um 1730). Eine der Kirchen, die von Franz Troglauer beraubt wurde (2. Februar 1799).

Georg von Grafenstein, Landrichter auf Parkstein (3. Oktober 1799):

...Schon vor geraumer Zeit verbreitete sich die Sage, dass der famose Franz Troglauer von Mantel, der schon in seiner Jugend ein Dieb und Räuber war, ... auch von der Fränkischen Diebs- und Räuberrotte, als Rädelsführer beschrieben ist, ...sich als Jäger, in einer kurzen grünen Jacke mit grünen Aufschlägen gekleidet, und mit einem prächtigen Schrotstutzen versehen, auf den Grenzen aufhalte, bei Tag dem Wildschützen, bei Nacht aber dem Stehlen nachkomme. ...

In diesem Brief zitiert von Grafenstein auch die Morddrohung, die Franz Troglauer gegen ihn aussprach:

Der Galgen ist mein Grab, ich sterbe auch gerne am Galgen, doch mus mir vorher der Pfleger zu Eschenbach, der Landrichter zu Parkstein, der Amtknecht zu Parkstein, und der Jäger Kießewetter von Kohlberg sterben. Dem Landrichter jage ich 16 Posten in seinen Bauch, die mag er wieder herauszustern, warum hat mich derselbe so geschildert, als ich zu Straubing im Arrest war : ich habe schon 3 Tage auf ihn (den) Landrichter gelauert, wir traffen aber nicht zusammen ...

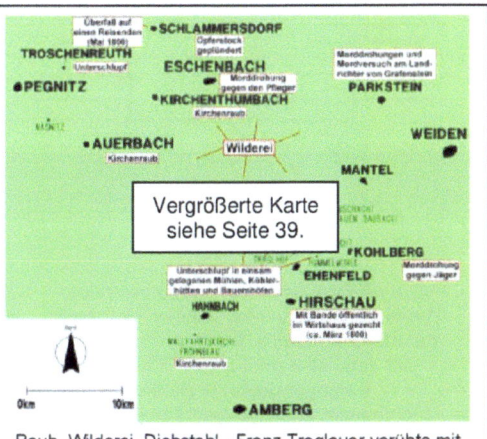

Vergrößerte Karte siehe Seite 39.

Raub, Wilderei, Diebstahl - Franz Troglauer verübte mit seiner Bande (sechs bis sieben Mann) in der nördlichen Oberpfalz zahlreiche Delikte. Nur wenige sind jedoch überliefert.

Sommer 1799 - Drohbrief an den Schultheiß von Neumarkt

Troglauers Gefährtin bei der Bande befand sich mit ihren beiden Kindern (eines stammte von Troglauer) in Neumarkt/Opf. in Haft. Als er dies erfuhr, sandte er unter falschem Namen einen Drohbrief an den Schultheiß von Neumarkt:

„...ich bitte mit aller Heflichkeit zum Ersten und zum letzten Mahl, fohr mein Weib und Kinder ... Wann sie die Sachen nicht in kurzer Zeit ausmachen, so werte ich kommen und werte es außmachen, sie sollen mihr nicht mehr vor das Thor hinaus gehen. Werten wir schon zusammen kommen ..... Der Deuffel solle ihnen den Hals brechen, wenn Meine Kinder nicht in Zeit von 14 Tagen loß sind von ihrer Marter."

Als der Brief vorlag, war seine Gefährtin bereits ins Zuchthaus nach Schwabach transportiert worden.

Neumarkt/Opf., Stich von Merian, 17. Jh.

100 Gulden Belohnung
(1800)

März 1800
Die zechende Räuberbande in Hirschau

Der Stadtplatz von Hirschau

Am 26. März 1800 wird berichtet, dass sich der berüchtigte „Wilderschütz" Troglauer wieder in der Gegend von Vilseck aufhalte. Unlängst sei er mit seinen sechs bis sieben Kameraden in Hirschau aufgetaucht und habe öffentlich im Wirtshaus gezecht. Er fühlte sich also stark genug, um mit seiner Bande öffentlich in einer Kleinstadt aufzutreten.

Sommer 1800 – 100 Gulden Belohnung für die Ergreifung Franz Troglauers

Auf die Ergreifung Franz Troglauers war bereits eine Belohnung von drei Karolin ausgesetzt worden. Der Karolin war eine bayerische Münze im Wert von 11 Gulden.

Um noch mehr Anreiz zu geben, entschloss sich die Landesdirektion Amberg, die Belohnung auf 100 Gulden zu erhöhen.

Oktober 1800
Flucht des Zacharias Troglauer aus Amberg

Über die Zusammensetzung von Franz Troglauers Bande wissen wir wenig. Ein Mitglied war aber sein jüngster Bruder Zacharias. Dieser wurde als Deserteur und mutmaßliches Bandenmitglied im Herbst 1800 gefasst und in das militärische Stockhaus in Amberg eingesperrt. In der Nacht vom 29. auf den 30. Oktober konnte er aber dort ausbrechen.

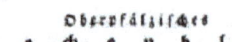

Text siehe Seite 40.

„...alles lebt in Furcht und Schrecken in den Gegenden wo dieser gefährliche Mann sich aufhält" (Landrichter von Eschenbach, Mai 1800)

Der Amtsknecht von Hirschau soll geäußert haben, *„dass er dem Troglauer gewiß nichts thue, und froh sei, wenn dieser ihm nichts thue"* (Juni 1800)

Original-zitate über Franz Troglauer

Niemand würde sich trauen, ihn anzuzeigen oder gar, ihn zu ergreifen, weil er öffentlich mit Abbrennung der Häuser und *„Todtschüssen"* drohe (Landrichter von Eschenbach, Mai 1800).

Mai 1800 - Überfall

Am Morgen des 14. Mai 1800 wurde in der Nähe von Schlammersdorf ein Mann aus Bayreuth ausgeraubt, den man den Radweber nannte. Dieser war gerade von einer Messe aus Regensburg gekommen und hatte unterwegs in Heinersreuth übernachtet. Auf offener Straße wurde er dann von zwei Männern überfallen.
Dabei seien ihm 700 Gulden und 4 Karolin an Bargeld und über 100 Gulden an „banco Zetteln" gestohlen worden. Nach Meinung des Eschenbacher Landrichters sprach alles dafür, dass Franz Troglauer diesen Überfall verübt hatte.

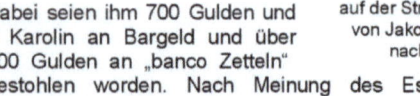

„Unsicherheit und Raub auf der Strassen". Stich von Jakob Wangner, nach 1720.

Wilderei

Die Wilderei ist immer wieder zentrales Thema vieler berühmter Räuber. Hier spielt der oft romantisierte Ruf nach der Freiheit der Jagd eine große Rolle. Bei Franz Troglauer deutet ja die erste Zuchthausstrafe im Jahre 1786 schon auf Wilderei hin. Für das Leben im Wald war der Wilddiebstahl jedoch vor allem auch aus Überlebensgründen wichtig. Das Fleisch wurde selbst verzehrt oder auch an andere weiterverkauft.

Troglauer – Gefangennahme, Hinrichtung
(Dez. 1800 – Mai 1801)

Gefangennahme

Stadttor in Freystadt bei Neumarkt (Foto: C. Kick).

Anfang Dezember 1800 gelang es dem Gerichtsdiener Lorenz Wehrnhammer „unter Einsatz seines Lebens", den Franz Troglauer bei Freystadt einzufangen.

Troglauer musste damals eine solche Bekanntheit erlangt haben, dass die Aktion Wehrnhammers als wahre Heldentat betrachtet wurde. Die genauen Umstände sind jedoch nicht bekannt. Troglauer wurde schließlich nach Amberg transportiert.

Prozess und Verurteilung

Links die Fronfeste in Amberg. Rechts das Ziegeltor (Foto: Petra Henrich-Weigl).

In Amberg wurde extra für Franz Troglauer eine Zelle in der Fronfeste neu hergerichtet, damit „diesem berüchtigten Menschen", wie es hieß, nicht wieder die Flucht gelang. Die Originalakten des Prozesses sind leider nicht mehr aufzufinden. Das Urteil gegen Franz Troglauer war wohl nur eine Formsache. Es lautete: Tod durch den Strang. Sein Bruder Zacharias wurde im gleichen Prozess zu vier Jahren Zuchthaus verurteilt.

Der Gang zur Hinrichtung

Franz Troglauer wurde am 6. Mai 1801 am Galgen in Amberg gehenkt. Als letzten Wunsch äußerte er, dass vom Verkaufserlös für seine Flinte heilige Messen für ihn gelesen werden sollten.

Hinrichtungen waren in früheren Jahrhunderten öffentliche Spektakel – dies wird auch im Falle Troglauers nicht anders gewesen sein.

Franz Troglauer musste auf dem Weg zum Galgen das Amberger Ziegeltor durchschreiten (Foto: Petra Henrich-Weigl).

In Amberg führte der sogenannte „Armesünderweg" von der Fronfeste entlang der Stadtmauer, durch das Ziegeltor, und dann hinauf zum Galgenberg. Hinrichtungen fanden in der Regel am frühen Morgen statt. So hatten normalerweise auch Gesinde und Arbeiter die Möglichkeit, der Exekution als Zuschauer beizuwohnen.

Der „Armesünderweg" in Amberg von der Fronfeste zum Galgen (Zeichnung: B. Weigl).

Tot und vergessen

Bis zur Wiederentdeckung Troglauers mittels Archivakten war er absolut in Vergessenheit geraten. Wie konnte dies mit einer Person wie Franz Troglauer geschehen, wo doch auch weit weniger spektakuläre Räuber Eingang in Geschichte und Volksüberlieferung fanden? Vielleicht liegt die Erklärung darin, dass in seiner Heimatgemeinde Mantel am 12. Mai 1801 (sechs Tage nach seiner Hinrichtung) ein Großteil des Ortes abrannte. Die Bevölkerung hatte also andere Sorgen und Probleme als das Schicksal Troglauers.

Sterbeeintrag im Amberger Kirchenbuch (Bischöfliches Zentralarchiv Regensburg. Kirchenbuch Amberg – St. Martin, Bd. 27/10 – Jahrgang 1801). Übersetzt lautet der Eintrag etwa: **„Troglauer durch Strick erhängt – Versehen und völlig gelöst starb Franz Troglauer abstammend aus Mantel im Alter von 48 (eigentlich 46) Jahren fromm und von der weltlichen Justiz zum Strick verurteilt".**

Lump oder Held?

Eine Beurteilung Franz Troglauers aus heutiger Sicht ist auf Grund der Aktenlage schwierig. Lump oder Held? Was war er?

Er war zuerst natürlich eine historische Person, die Straftaten begangen hat. Eine Hochstilisierung zum „edlen Räuber" wäre absolut fehl am Platz. Wir können jedoch auch nicht ausschließen, dass die damalige Landbevölkerung in ihm mehr sah als einen einfachen Kriminellen. In einer Zeit, in der in Frankreich eine umwälzende Revolution stattfand, könnte auch bei uns jemand leicht zu einem Rebellen gegen die Obrigkeit hochstilisiert worden sein, der dies nicht unbedingt verdient hatte. Zum Volkshelden taugt Troglauer aus heutiger Sicht wohl kaum. Zu erwähnen wäre auch, dass ihm seine Diebstähle in oberpfälzischen Kirchen manche Sympathien in der Landbevölkerung gekostet haben dürften.

Gerichtsbarkeit im 18.Jh.

Niedere Gerichtsbarkeit

befasste sich in der Regel mit:
- geringeren Delikten des Alltags
- Erbrecht
- Grenzstreitigkeiten
- Registrierung und Überwachung von Verkäufen

Die peinliche Befragung (Folter) durfte nicht angewendet werden.

Strafen:
Geldbußen oder leichte Leibstrafen. Zu diesen gehörte der Pranger, das Tragen des Lästersteins, der Schandkorb, der Schandpfahl und die Halsgeige. Diese fallen unter die Rubrik **Ehrenstrafen**.

Hochgerichtsbarkeit

Auch Halsgerichtsbarkeit. Befasste sich vor allem mit Straftaten wie:
- Raub und Mord
- Diebstahl
- Notzucht (Vergewaltigung)
- Homosexualität
- Hexerei oder Zauberei
- Kindesmord

Die peinliche Befragung (Folter) durfte angewendet werden.

Grundlage:
„**Constitutio Criminalis Carolina**" (auch „Peinliche Halsgerichtsordnung Kaiser Karls V"). Dieses Gesetzbuch wurde 1532 auf dem Reichstag zu Regensburg ratifiziert und versuchte die damalige Rechtssprechung im Deutschen Reich zu vereinheitlichen. Sie wurde zum Teil bis in das 19. Jahrhundert hinein verwendet.

Todesstrafe:
Nur die Hochgerichtsbarkeit durfte die Todesstrafe aussprechen.

Arten der (Todes-)strafe:

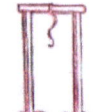

Hängen
Der Verurteilte wird mittels Strick oder Kette am Galgen erhängt.

Angewandt z.B. bei:
- Dieben

Köpfen
Der Verurteilte wird mittels Schwert oder Beil enthauptet.

Angewandt z.B. bei:
- Raub
- Vergewaltigung

Rädern
Dem Verurteilten werden mit einem Wagenrad alle Glieder zerstoßen. Der Körper wird auf ein Rad gebunden und öffentl. zur Schau gestellt.

Angewandt z.B. bei:
- Giftmördern (Männer)
- Mördern

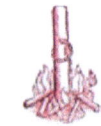

Verbrennen
Der Verurteilte wird auf einem Scheiterhaufen verbrannt.

Angewandt z.B. bei:
- Zauberei
- Homosexualität
- Brandstiftung

Sonstige Strafen:

Vierteilen (bei Verrat), Ertränken (Giftmörderinnen), Geldbuße (bei geringem Diebstahl), Kerker (bei geringem Diebstahl), Augenausstechen, Handabschlagen, Verbannung usw.

(Abbildungen aus der Bambergischen Halsgerichtsordnung, 1507)

Ehrenstrafen

Die Halsgeige

wurde in der Regel aus zwei symmetrisch angeordneten Holzteilen gebaut. Hinten befand sich ein Scharnier, vorne ein Verschluss. Verwendet wurde die Halsgeige vor allem bei Frauen. Grund für die Bestrafung waren beispielsweise Zänkereien oder auch leichte Diebstähle.

Eine Sonderform war die Doppel-Halsgeige, in die zwei Frauen gleichzeitig eingeschlossen wurden, die miteinander gezankt hatten. Diese war so konstruiert, dass sich die beiden Verurteilten von Angesicht zu Angesicht gegenüber stehen mussten.

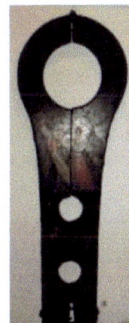

Bemalte Halsgeige mit zwei raufenden Frauen und einem Geigenspieler. 17. Jahrhundert (Stadtmuseum Sulzbach).

Doppelte Halsgeigen für „zänkische Weiber" (Stadtmuseum Neustadt/WN).

Schandtafeln

Beim Vollzug der Prangerstrafe wurde gewöhnlich eine Tafel an die Bühne geheftet, die den Zuschauern das Delikt des Verurteilten bekannt machte.

Beispiele aus der Oberpfalz:

Wegen zum verbottenen Schatzgraben auf zusuechen intendierten bösen Geists 1739
(Stadtmuseum Regensburg)

Verbrecher der wiederhollten Brandstiftung zu Rupprechtsreuth verbunden mit Mordversuch an einem zweyjaehrigen Knaben
(Alter unbekannt, Stadtmuseum Neustadt/WN)

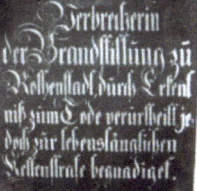

Verbrecherin der Brandstiftung zu Rothenstadt durch Erkentniß zum Tode verurtheilt jedoch zur lebenslänglichen Kettenstrafe begnadiget.
(Alter unbekannt, Stadtmuseum Neustadt/WN)

Pranger in der Oberpfalz

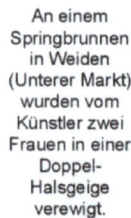

An einem Springbrunnen in Weiden (Unterer Markt) wurden vom Künstler zwei Frauen in einer Doppel-Halsgeige verewigt.

Lasterstein von 1766 in Letzau: Eine Art Pranger, auf den sich die Verurteilten stellen mussten. Urspr. wohl aus Gebenbach.

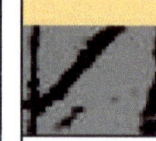

Links: Auspeitschung an einer Prangersäule.
Rechts: Hinrichtung an einem dreisäuligen Holzgalgen.
Abbildung von 1727.

Viehhausen

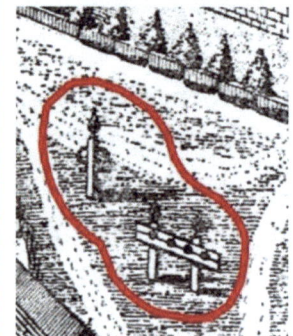

Oberviehhausen bei Sinzing (Landkreis Regensburg). Vor dem Schloss Prangersäule und Block. Michael Wening um 1700.

Der Pranger

Der Pranger war der hauptsächliche Ort für den Vollzug der Ehrenstrafen.
Pranger konnten sehr unterschiedlich aussehen. Es handelte sich teilweise um freistehende Säulen (oft aus Holz), an denen die Verurteilten angekettet wurden. Es konnte sich aber auch um ein Podest und ein Halseisen an einer Wand handeln. In der Oberpfalz sind einige Beispiele der zweiten Art erhalten geblieben.

Regensburg

Ansicht aus dem Jahre 1644. Dieser Pranger mit drei Halseisen stand am einstigen Marktturm am Kohlenmarkt. Nach einem Brand des Turmes wurde 1706 der Pranger abgebrochen.

Auspeitschung von Frauen an einer Prangersäule. Stich von Daniel Chodowiecki 1782.

Luhe

Torturm der Friedhofsbefestigung (Foto: C. Kick).

Weiden

Pranger in Weiden am alten Rathaus. Hier sind noch drei Halseisen, aber nur noch eine Standplatte vorhanden. Er wurde laut Schild bis 1805 verwendet.

Roding

Die kunstvoll verzierte Standplatte am alten Rathaus. Das Halseisen ist nicht mehr vorhanden (Foto: C. Kick).

Die „Peinliche Befragung"

Die „Peinliche Befragung"

(Pein = Schmerz) diente Jahrhunderte lang als allgemein anerkanntes Mittel zur „Wahrheitsfindung". Wichtiger Bestandteil der Peinlichen Befragung war die Folter. Diese wurde auch im 18. Jahrhundert durchaus noch angewandt.

Die „Peinliche Befragung" war deshalb wichtig, weil es keine Verurteilung aufgrund von Indizien gab, sondern nur aufgrund eines Geständnisses.

Besonders aussagekräftig ist hier die sogenannte **Constitutio Criminalis Theresiana**.
Dieses Strafgesetzbuch (gültig bis 1787) wurde von der österreichischen Erzherzogin Maria Theresia erlassen und trat 1768 in Kraft (obwohl es von Staatsrat und Staatskanzlei wegen seiner Rückständigkeit abgelehnt worden war).

Das Buch enthält in zwei Anhängen Zeichnungen technischer Details und Konstruktionspläne von damals üblichen Folterinstrumenten. Auch die Durchführung der „legalen Torturen" wird beschrieben.

Auch wenn das Buch nur für Österreich bestimmt war, so sind die beschriebenen Foltermethoden für viele Teile des damaligen Europa beispielhaft.

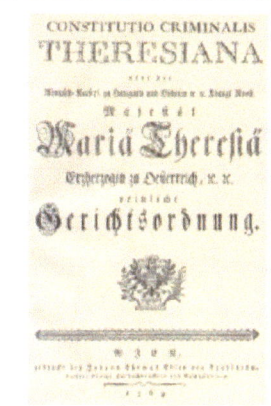

Titelblatt der Constitutio Criminalis Theresiana – 1768.

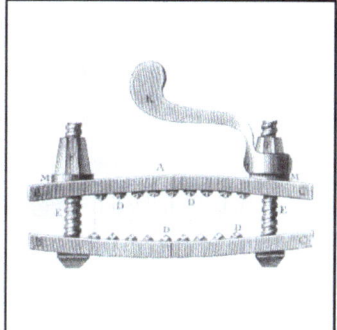

Daumenstock und Anlegen des Daumenstocks (aus Constitutio Criminalis Theresiana - 1768)

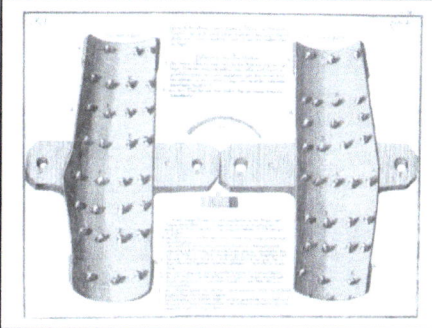

Beinschrauben und Anlegen der Beinschrauben (aus Constitutio Criminalis Theresiana - 1768)

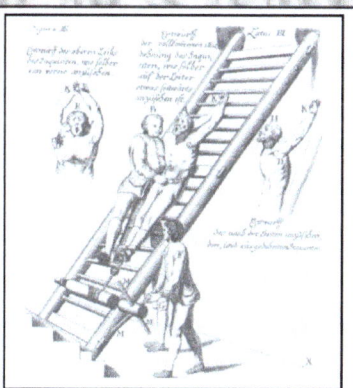

Strecken (aus Constitutio Criminalis Theresiana – 1768)

Das Schnüren (aus Constitutio Criminalis Theresiana – 1768)

Haft in der Oberpfalz

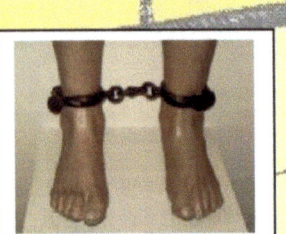

Fußfessel, 17. Jh. (Stadtmuseum Sulzbach)

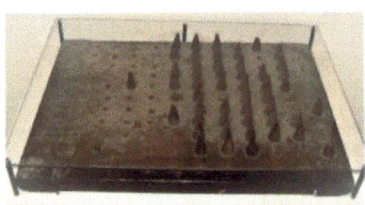

Sitzbrett mit Stacheln (Stadtmuseum Sulzbach, 17. Jh.).

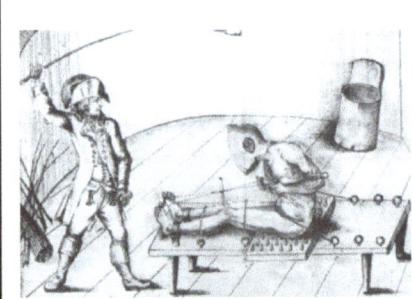

Verwendung eines solchen Sitzbretts bei einer peinlichen Befragung (Ende 18. Jh.). (Abbildung: Hauptstaatsarchiv München)

Strafgefangene bei der Arbeit – 18. Jh. (Stich von Chodowiecki)

Als Stätte für die Untersuchungshaft diente in größeren Orten die sogenannte „Fronfeste". Hier waren Gefängniszellen, aber auch ein Raum für die Peinliche Befragung untergebracht.

Ein sehr schönes Beispiel ist heute noch die ehemalige Fronfeste in Kemnath – erbaut 1749/50 (jetzt Heimatmuseum). Einige Gefängniszellen sind bis heute gut erhalten.

In anderen Orten waren Zellen und „Fragstatt" im Rathaus untergebracht (z.B. Regensburg).

Schützenscheibe von Johann Christoph Kirchberger, 1798 (Historisches Museum Regensburg).

Tür einer Gefängniszelle (Heimatmuseum Kemnath). Möglicherweise aus der Erbauungszeit der Fronfeste (Mitte 18. Jh.).

Gefängniszelle in der Fronfeste in Kemnath (Mitte 18. Jahrhundert. Am Boden ein Gewichtsstein, der wohl im Rahmen der Peinlichen Befragung verwendet wurde (Anhängen eines Gewichts an die Füße des Delinquenten beim Hochziehen).

Fuß- und Handfessel mit Gewicht - Alter nicht bekannt. (Stadtmuseum Neustadt/WN)

Fessel – Alter nicht bekannt. (Stadt- museum Neustadt/WN)

Die Abschaffung der Folter in Deutschland

Vereinzelte Bedenken gegen die Folter gab es zwar schon im Mittelalter, aber erst mit der Aufklärung ab dem 18. Jahrhundert setzte auch ein Wandel in der Gesetzgebung ein.

Das Aufziehen (aus Constitutio Criminalis Theresiana – 1768)

Der geistesgeschichtliche Kampf gegen die Folter setzte aber schon lange vor der Aufklärung und überwiegend außerhalb Deutschlands ein. Schon 1522 lehnte der spanische Humanist und Philosoph Juan Luis Vives die Folter als unchristlich und sinnlos ab. Auch berühmte historische Persönlichkeiten, wie der französische Aufklärungsphilosoph Voltaire wandten sich gegen die Folter.

Den Startschuss zur Abschaffung der Folter in Deutschland gab der Preußenkönig Friedrich der Große. Im Jahr 1740 ließ er, wenige Tage nach seinem Amtsantritt, die „Tortur" ausdrücklich abschaffen. Allerdings mit drei Ausnahmen: Hochverrat, Landesverrat und „große" Mordtaten mit vielen Tätern oder Opfern. 1755 wurden auch diese Einschränkungen beseitigt, ohne dass bis dahin ein solcher Ausnahmefall eingetreten wäre. Wenige Jahrzehnte später folgten ihm andere deutsche Territorien mit der Abschaffung oder wesentlichen Einschränkung der Folter, wie die nachfolgende Übersicht zeigt.

Gebiet/Stadt:	Jahr der Abschaffung:
Preußen	1740
Baden-Durlach	1767
Mecklenburg	1769
Braunschweig	1770
Sachsen	1770
Schleswig-Holstein	1770
Oldenburg	1771
Österreich	1776
Bayer. Pfalz	1779
Pommern	1785
Sachsen-Meiningen	1786
Osnabrück	1787/88
Bamberg	1795
Anhalt-Bernburg	1801
Bayern	**1806**
Württemberg	1809
Sachsen-Weimar	1819
Hannover	1822
Coburg-Gotha	1828

Die Todesstrafe im 18. Jahrhundert in der Oberpfalz

Die Todesstrafe wurde auch im 18. Jahrhundert noch mannigfach ausgesprochen. Dabei war genau festgelegt, für welches Verbrechen welche Art von Strafe angemessen war.

Die auf dieser Tafel aufgelisteten Beispiele können nur einen winzigen Ausschnitt aus der Oberpfalz wiedergeben.

Daniel Pfisterer, frühes 18. Jahrhundert.
Von links nach rechts:
1. Abschneiden der Ohren
2. Geräderter wurde auf das Rad geflochten, sein Kopf vorher abgeschlagen und aufgesteckt
3. Auspeitschung (Landesverweis)
4. Pfählung
5. Der Verurteilte wird auf den Galgen hinaufgeschleift
6. Der Scharfrichter zieht sein Schwert, um den sitzenden Verurteilten zu enthaupten
7. Block mit abgeschlagener Hand
8. Becken mit einer Zange in glühenden Kohlen zur Strafverschärfung
   (Bild nachbearbeitet: Hintergrund gelöscht und eingefärbt.)

Einziger vollständig erhaltener Galgen Deutschlands (mit Steinsäulen) in Beerfelden (Hessen).
(Foto: Jost Auler)

Rekonstruierter dreisäuliger Galgen aus Holz. Rechts ein aufgerichtetes Rad. Freilandmuseum Neuhaus ob Eck.

Rücksicht auf das Alter des Täters kannte die damalige Justiz kaum. Ein Beispiel aus **Amberg**:
Im September 1767 hatte die 13-jährige Margarethe Distler zwei Knaben getötet, indem sie sie ins Wasser warf. Am 4. Mai 1768 wurde folgendes Urteil verkündet: Margarethe Distler wurde öffentlich vorgeführt, der wie es hieß, „größtenteils heutzutag bösartigen Jugend zum Abscheu und abschreckenden Beispiel, den sorglosen Eltern aber zur Ermahnung und Warnung, zu einer dester gewahrsameren Zucht und Aufsicht über ihre Kinder". Die Mörderin wurde zur Hinrichtung dem Scharfrichter übergeben. Es wurde befohlen, dass die Schul- und Waisenkinder und andere Kinder dieser Exekution beiwohnen mussten.
(Quelle: „Der Scharfrichter zu Amberg" in „Oberpfälzer Heimat", Band 11)

Hinrichtung wegen Kirchenraubes
Regensburg 1739

Turbulent verlief die Hinrichtung des Studenten Anton Raab 1739. Dieser war wegen Kirchenraubes zum Tod durch den Strang verurteilt worden.
Bei der Fahrt mit dem Karren zur Richtstätte mahnt ihn der Priester vergeblich zur Buße. Als ihm der Henker den Strick um den Hals legt, bittet er doch beichten zu dürfen. Er wird vom Galgen heruntergeholt, um seine Seele zu erleichtern. Stattdessen äußert er nun seinen letzten Wunsch: etwas Gutes zu essen und trinken. Einer der Knechte reicht ihm ein Glas Wein. Als der völlig verstörte Raab nicht trinkt, gießt man ihm den Wein gewaltsam ein.
Wieder steht er mit dem Henker oben. Als ihn dieser von der Leiter stoßen will, schreit Raab „beichten, beichten" über den Platz. Wieder wird der vom Galgen heruntergelassen. Weil er auch das heilige Mahl empfangen möchte, bringt man ihn in die Stadt zurück. Wieder im Gefängnis, läßt sich Raab Essen und Trinken schmecken, will aber von Beichte und Kommunion nichts mehr wissen.

Fünf Tage später bringt man ihn wieder zum Galgen hinaus. Am Richtplatz angelangt, entschließt sich Raab doch zur Buße. Nahezu eine Stunde verbringt er mit dem Priester auf dem Karren. Der Bürgermeister mahnt schließlich: „Anton! Mach fort! Deine Gnadenzeit ist verstrichen!" Die erneute Bitte zur Rückkehr in die Stadt, die Kommunion zu empfangen wird abgelehnt. Stehend auf dem Karren bittet nun Raab alle Umstehenden um Verzeihung und um Fürbitte für seine arme Seele. Unter Trostzurufen des Volkes wird er schließlich gehängt. („Regensburg – aus Kunst-, Kultur- und Sittengeschichte", von Karl Bauer, 1988)

Kindsmord in Cham 1736:
Die Hirtmirdl aus Untertraubenbach wurde des Kindsmordes angeklagt. Sie behauptete, ihr Kind sei tot zur Welt gekommen, die beiden Leichenbeschauer gaben aber zu Protokoll, dass das Kind erwürgt worden sei. Am 31. August 1736 wurde die Angeklagte „examiniert", also ausgefragt und aufgefordert, ein Geständnis abzulegen. Man drohte ihr auch an, dass bei einem Leugnen die Daumenschrauben angewandt würden. Am 29. September wurde sie zum dritten Male (peinlich) befragt. Hierbei gab sie die Tat wohl zu. Die Urteilsverkündung fand am 22. Oktober 1736 morgens um 9 Uhr im Chamer Rathaus statt. Das Urteil lautete Tod durch das Schwert.
(„Auf Kindsmord stand die Todesstrafe", von Günther Rinck, in „Die Oberpfalz", 2003)

Beispiel: Hinrichtungen zu **Parkstein** im 18. Jahrhundert – entnommen aus den Kirchenbüchern:

1750	wurde ein 30jähriger Mann gehängt, ein Mädchen mit 20 Jahren wurde ebenfalls gehängt
1753	wurde ein 19jähriger wegen Sodomie gehängt, dann mit einem Schaf, „dem Mittel seiner Sünde" auf dem Scheiterhaufen verbrannt
1755	wurde ein Mann gehängt
1779	wurde ein Mädchen aus Weidenberg bei Bayreuth mit dem Schwert enthauptet.

(Aus „Die Oberpfalz", 1923).

Galgen in der Oberpfalz

Galgen gehörten im 18. Jahrhundert noch zum ganz normalen Landschaftsbild. Kein größerer Ort war ohne ein solches Bauwerk in seiner Nähe vorstellbar. Oftmals sind ihre Standorte nicht oder nur ungenau überliefert. In zahlreichen Fällen gibt es jedoch auf Stichen oder Landkarten kleine Abbildungen dieser Bauten. Nachstehend ein kleiner Querschnitt der bildlich überlieferten Hochgerichte in der Oberpfalz.

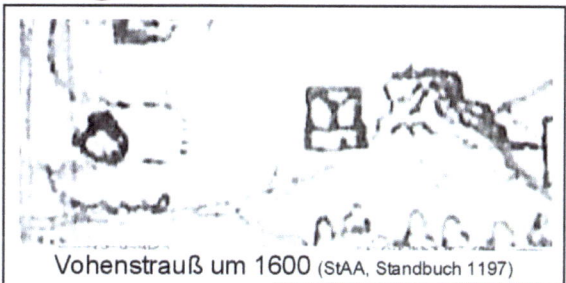

Vohenstrauß um 1600 (StAA, Standbuch 1197)

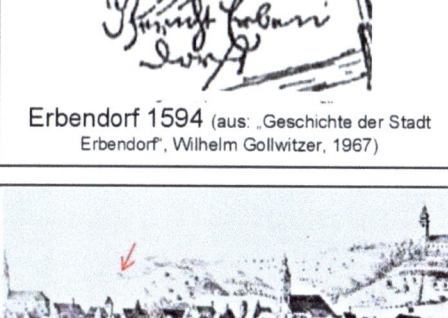

Erbendorf 1594 (aus: „Geschichte der Stadt Erbendorf", Wilhelm Gollwitzer, 1967)

Leuchtenberg um 1600 (Karte von Vogel)

Regensburg, Ende 16. Jahrhundert (aus: „Regensburg – Aus Kunst-Kultur- und Sittengeschichte", Karl Bauer. 1988)

Amberg, 19. Jh.

Nabburg (Stich von Merian. 17. Jh.)

Auerbach 1581 (aus: „Auerbach in der Oberpfalz", Fritz Schnelbögl, 1976)

Waldau um 1600 (Karte von Vogel)

Grafenwöhr um 1806: Dreibeiniger Galgen („Carte de la Baviere", Aubert)

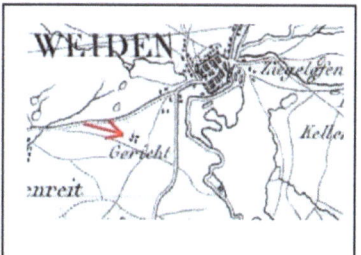

Weiden um 1806: Galgen-standort nur angedeutet („Carte de la Baviere", Aubert)

Floß um 1600: Dreibeiniger Galgen und aufgerichtetes Rad (aus: „Historischer Atlas von Bayern – Neustadt/Waldnaab", Heribert Sturm, 1978)

Galgen in der Oberpfalz – was blieb?

Burglengenfeld um 1600.
Der dreisäulige Galgen mit einem aufgerichteten Rad
(Kopie von Martin Fiechtl nach Christoph Vogel, 1762).

Der Galgen von Burglengenfeld heute: eine Rarität und eine weitgehend unbekannte Sehenswürdigkeit. Der Innendurchmesser des Rings beträgt ca. 6,30 m, die Höhe der Türöffnung ca. 2,0 m. Die aufgemauerten Säulen fehlen.
(Foto: C.Kick)

In Weiden steht an Stelle des Galgens seit ca. 1950 eine Wohnanlage. Die Windfahne des Gebäudes wurde als Galgenmännchen geformt.
(Foto: C.Kick)

Auf dieser künstlichen Aufschüttung stand einst der Amberger Galgen.
(Foto: C.Kick)

Rekonstruktion des Galgens bei Pleystein von Siegfried Poblotzki
(„Oberpfälzer Heimat", Band 37).

In Pleystein wurde an der Stelle des Galgens ein großes Holzkreuz errichtet.
(Foto: C.Kick)

Im Jahre 1809 erging der Befehl, dass alle unnützen Galgen in Bayern abzutragen seien. Der Amberger Galgen blieb etwas länger bestehen, da er sich noch in einem sehr guten Zustand befand. Die Erinnerung an die meisten Hochgerichte verblasste. Oft wurden sogar die genauen Standorte vergessen. In einigen Ortschaften erinnern noch Namen wie Galgenberg, Galgenweg oder Galgenbergstraße an diese Bauwerke. Nur an ganz wenigen Stellen erinnern Aufschüttungen oder Bodenmerkmale an die Stelle, an der einst eine solche Gerichtsstätte stand. Als Rarität von überregionaler Bedeutung muss hier der Galgen von Burglengenfeld genannt werden. Hier ist das gesamte rund gemauerte Unterteil noch vorhanden. Nur die ursprünglich wohl gemauerten drei Säulen und die Verbindungsbalken fehlen.
(Quelle: „Der Scharfrichter zu Amberg", August Klarmann, in „Oberpfälzer Heimat", Band 11)

Verscharrt unterm Galgen

Der Tod am Galgen war eine unehrenhafte Sache. Die Bestrafung ging aber meist über den Tod hinaus. Die Leichen der Gehängten blieben oft so lange hängen, bis sie von selbst herunterfielen und waren so auch eine dauernde Schande für die Angehörigen des Toten. Zudem kamen die Körper der Hingerichteten nur selten in geweihter Erde zur Ruhe, sondern wurden vom Scharfrichter unter oder neben dem Galgen verscharrt.

Aus der Oberpfalz sind zwar Funde von Skeletten an ehemaligen Richtplätzen bekannt, leider wurden diese aber nicht weiter wissenschaftlich untersucht. Einen Einblick gibt aber der nachfolgende Zeitungsartikel vom 26.09.1935 aus dem Chamer Tagblatt (siehe auch nebenstehend die Schädel von dreien der damals gefundenen Skelette):

Ausschnitt aus einer Darstellung der Stadt Cham um 1749.
Der Galgen und die Köpfstatt (mit Richtschwert).
(Staatsarchiv Amberg, Plansammlung 118).

Cham. Geschichtliche Funde. Gestern und vorgestern wurden bei Grabungen auf dem Galgenberg bei Altenstadt 5 gut erhaltene menschliche Skelette sowie eine Silbermünze mit der Jahreszahl 1674 gefunden. Da sich in der Nähe der Fundstelle in früheren Jahrhunderten die Richtstätte von Cham befunden hat, wird man wohl in der Annahme nicht fehlgehen, daß die Gebeine von Erhängten stammen. Die Funde wurden in einer Tiefe von ½ Meter gemacht. Die letzte Hinrichtung auf dem Galgenberge wurde im Jahre 1835 vollzogen.

Text siehe Seite 47.

Wer einen ehemaligen Richtplatz besucht, der sollte nicht vergessen, dass hier Menschen gewaltsam zu Tode gekommen sind und auch meist hier bestattet wurden. Ein solcher Ort sollte also auch so respektvoll wie ein Friedhof behandelt werden.

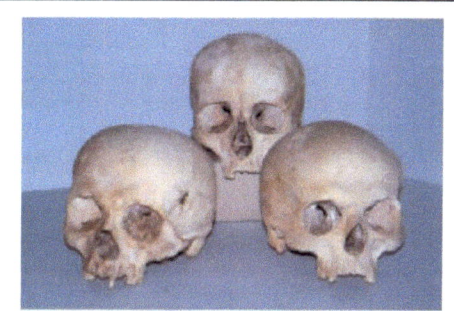

Diese drei Schädel stammen von den Skeletten vermutlich Hingerichteter, die man 1935 auf dem Chamer Galgenberg fand (Stadtarchiv Cham).

Ein Beispiel aus der Stadt Weiden für den Umgang mit Gehängten (Ratsprotokoll von 1604):

Den Weidener Zimmerleuten wurde befohlen, dass sie das Hochgericht (Galgen) erneuern sollten. Diese waren auch durchaus dazu bereit. Nur hatten sie große Bedenken um ihren Ruf, da zu dieser Zeit bereits zwei Diebe am Galgen hingen. „Wenn keiner daranhängt, oder die zwei zuvor herabgetan würden, hätten sie kein Bedenken". Auch zu Regensburg wären die Gehängten bei einer Galgenreparatur herabgetan und vergraben worden. Die Stadt beriet nun darüber, ob man die Handwerker zur Reparatur zwingen solle, ob man die Diebe einfach vom Galgen herunterwerfe und liegenlasse, oder ob man "nach Verbesserung des Gerichts die Diebe wieder hinaufhängen soll, damit dem Gericht und der Stadt auf keinem Weg Schimpf oder Klage zugezogen werde".
(Quelle: Stadtarchiv Weiden, R.Prot. 30.I.1604)

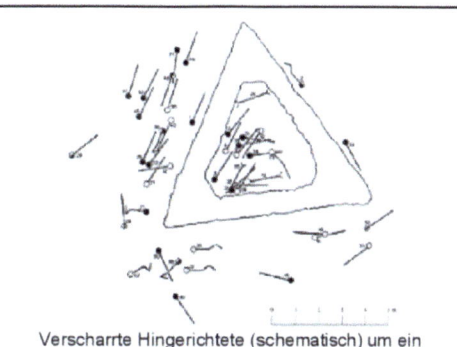

Verscharrte Hingerichtete (schematisch) um ein Galgenfundament. Hier als Beispiel das Ausgrabungsergebnis aus Emmenbrücke (Schweiz).
(aus: „Richtstätten des ausklingenden Mittelalters und der frühen Neuzeit im Fokus moderner Archäologie", Jost Auler M.A.)

Mangels Beispiel aus der Oberpfalz ein Bild vom Skelett eines Geköpften aus Hessisch-Lichtenau, Befundfoto 1983. Der Kopf liegt zwischen den Beinen. (aus: „Richtstätten des ausklingenden Mittelalters und der frühen Neuzeit im Fokus moderner Archäologie", Jost Auler M.A.)

Köpfstätten in der Oberpfalz

Hinrichtung einer Kindsmörderin auf dem Rabenstein (Köpfstätte) in München 1769 (Staatsarchiv München)

Um die Strafe des Kopf-abschlagens zu vollziehen, brauchte man eigentlich kein besonderes Bauwerk oder einen besonderen Platz.

Die Enthauptung wurde je nach Wichtigkeit des Falles auf einem bestimmten Stadtplatz oder auch beim Galgen vollzogen. Größere Städte und wichtige Gerichtsorte hatten aber auch oft eine separate Köpfstätte, einen sogenannten Rabenstein.
Für die Oberpfalz sind solche Rabensteine z.B. für folgende Orte nachgewiesen:
Amberg, Weiden, Kemnath, Parkstein, Cham und Regensburg.
Meist handelte es sich anscheinend um gemauerte Rundbauten mit einer Plattform. Im Inneren des Baus führte wohl in der Regel eine Treppe auf die Plattform.

Die Regensburger Köpfstätte vor dem Jacobstor auf einer Ansicht aus dem Jahre 1639 (Quelle: „Regensburg – aus Kunst-, Kultur- und Sittengeschichte", Karl Bauer, 1988.

Beispiel aus Regensburg:

Am 12. März 1739 wurde der 29jährige Bäckergehilfe Anton Zimmermann aus Altheim (bei Landshut) wegen Straßen- und Kirchenraubes enthauptet. Dem Urteil nach sollte der Leichnam auf das Rad geflochten werden. Man „begnadigte" ihn aber davon und steckte nur seinen Kopf auf den Galgen.
(aus „Regensburg – Aus Kunst-, Kultur- und Sittengeschichte" von Karl Bauer).

Ansicht der Stadt Weiden 1601, von Christophorus Vogel. Links unten im Bild der Galgen. Rechts davon das Rondell der Köpfstätte. Heute befindet sich hier an der Kreuzung Bahnhofstraße/Johannisstraße ein Bankgebäude.

Neubau der Köpfstätte in Parkstein 1783:

In Parkstein war der alte Rabenstein ruinös. Von einem Maurermeister wurde ein Kostenvoranschlag für einen Neubau erstellt. Dies ist nur eines von vielen Beispielen für solche Bauwerke.

„Auf Anschaffung des Churfürstl.wollöbl.Landrichter Ambtes, habe ich Endes Unterschriebner über die ganz baufehlige Köpfstadt einen Überschlag entwerfen müssen. Was ist ganz neu und dauerhafft herzustehlen, an allen Kosten mag als. .....
Diese Köpfstadt muß mit lauter Floserbürger Plateren (Platten aus Flossenbürger Granit) zugedaget werden, darzu sindt nothwendig 168 Schug
- der Schug a 6 Kr. thut ....16 fl 48 Kr
- 8 Staffel (Treppenstufen) darzu a 30 Kr. thut 4 fl - Kr
- Ein steinernes Dirgericht von Floser Bürgersteinen (steinerne Türumrahmung mittels Granitsteinen aus Flossenbürg) 3 fl 30 Kr
- wiederum sindt vonnöthen 60 grosse Kiebl Kalch a 24 Kr thut ...... 24 fl - Kr
- Ladtgeldt .... 30 Kr
- Diese Köpfstadt von Grundt neu und dauerhaft von Mauerarbeith herzustellen ..... 45 fl - Kr
- von dem Schreiner eine neue Dir (Tür) ...... 2 fl - Kr
- neue Bretter darzu reparirn zu lassen .... 1 fl 45 Kr
- 900 Mauer Ziegl (Ziegelsteine) zu den Gewölb, thut .... 8 fl 10 Kr
- zu den Gewölb einstehlen (einschalen des Gewölbes) 10 Bretter, a 20 Kr thut ..... 4 fl 20 Kr
- Vor einen Mertlrihrer (Mörtelrührer als Hilfsarbeiter) auf 3 Wochen, a 15 Kr thut ..... 4 fl 30 Kr
- von unterschidlichen Werkzeig...1 fl 30 Kr

id est 130 fl (Gulden) 3 Kr (Kreuzer)
Parkstein den, 16. Juni 1783
Liebhard Bauer
Mauer Meister"

(Staatsarchiv Amberg, Amt Parkstein, 2063)

Humanisierung des Strafrechts im 18. Jahrhundert

Das Mittelalter kannte im Allgemeinen noch keine langen Gefängnisstrafen. Erst mit der Humanisierung des Strafrechts im 18. Jahrhundert wurden solche eingeführt. Anstelle der zahlreichen, auch für kleinere Vergehen, ausgesprochenen Todesstrafen trat nun oft die Zuchthausstrafe. Dies darf aber nicht darüber hinwegtäuschen, dass auch im 18. Jahrhundert zuhauf Menschen hingerichtet wurden.

Das Zuchthaus in Amberg war erst 1785 gegründet worden. Der erste Gefangene wurde am 1. April 1786 eingeliefert. Mitte August 1786 betrug die Gefangenenzahl 29 Personen. Der Bau ging auf die Anregung des kurfürstlichen Kanzlers von Löwenthal und des Statthalters Graf von Holnstein zurück. Löwenthal wollte der „vindikativen Themis durch unnützes Henken und Köpfen und den häufig als öffentliches Spektakel stattfindenden Blutszenen endgültigen Einhalt" gebieten, „durch die das gemeine Volk eher verwildert als gebessert würde".

Eingangsfassade des 1785 erbauten Amberger Zuchthauses. Hier saß auch der Räuber Franz Troglauer mehrmals ein. Erstmals 1786. (Foto: C. Kick)

Zum Vergleich das Zuchthaus in Schwabach 1761. Hier saßen Johann Troglauer und Franz Troglauers Geliebte Christine Bock ein. (Zeichnung: CC Bruckner, Stich: Joh. Sebastian Leitner).

Speiseplan im Amberger Zuchthaus im Jahre 1801:

„Die Kost sämmtlicher Gefangener ist alle:

Sonntag:	**Gersten und Fleisch**
Montag:	**Erbsen**
Dienstag:	**Rüben oder Sauerkraut, dann Fleisch**
Mittwoch:	**Gersten**
Donnerstag:	**Suppe, worin Knödel von Waitzenmehl und Weißbrod gemacht**
Freitag:	**Erdäpfel oder Knödel**
Samstag:	**eingebrannte Suppe**

Alle Abend schneiden sie sich Brod auf, schütten Wasser darüber, worzu ein wenig Schmalz kommt, und so erhalten sie eine Suppe, die sie um 6 Uhr verzehren. Dann erhält jeder Züchtling alle 2 Tag einen Laib Brod 3 Pfund schwer."

(Quelle: „Oberpfälzisches Wochenblatt", Nr. 30 vom 23. Juli und Nr. 31 vom 30. Juli 1801 – Provinzialbibliothek Amberg).

Vergrößerung aus obigem Stich. Im Zuchthaushof steht die sogenannte „hölzerne Maschine". Auf diesen Holzblock wurden die Häftlinge am Anfang und Ende ihrer Haft festgebunden und ausgepeitscht.

Zinken
(Geheimzeichen)

Wortbedeutung

Das Wort Zinken oder Zink bezeichnet die geheime Verständigung durch Laute, Gestik oder Mimik, vor allem aber durch grafische Zeichen.

Praktisch als Ergänzung zum Rotwelsch wurden diese Zeichen von Bettlern, Vaganten und Gesetzlosen zur Übermittlung von Nachrichten an Gleichgesinnte verwendet.

Der Ausdruck Zinken erscheint erst im 18. Jahrhundert. Das Wort wird vom lateinischen „Signum" (das Zeichen) abgeleitet, aber auch vom althochdeutschen **„Zinko"** (die Zacke, die Spitze).

Im 16. Jahrhundert, also noch bevor das Wort Zinken Verwendung fand, waren in Europa erstmals grafische Hinweise dieser Art zu beobachten.

Bissiger Hund — Hier wohnt Polizei — Leute rufen Polizei

Fromm tun lohnt sich — Hier gibt es nichts — Für Arbeit gibt es etwas

Übernachtung möglich — Hier gibt es Geld — Ruhig aufdringlich werden

Hier gibt es Essen — Krank spielen lohnt sich — Schnell abhauen

Traditionelle Zinken

Heutige Anwendung

Zeichen in der Tradition der historischen Zinken werden auch in der Gegenwart noch benutzt, oft in Zusammenhang mit Bettelei und Wohnungseinbrüchen. In den 1990er Jahren traten in Österreich Einbrüche in Verbindung mit Zinken so häufig auf, dass die Lokalpresse warnende Berichte darüber veröffentlichte. In den 1980er Jahren verschwanden in Italien Fernlastzüge mit wertvoller Fracht, nachdem sie zuvor mit Geheimzeichen gekennzeichnet worden waren.

Wortverbindungen mit „Zinken"

Zinkenplatz	=	Platz wo sich Diebe treffen
Zinken stechen	=	Zeichen geben
abzinken	=	signalisieren einer Person
Zinkfleppe	=	Steckbrief
abgezinkt sein	=	erwischt, erkannt worden sein

Verwendung von Zinken

Grafische Zinken wurden mit Kreide, Kohle oder Rötel gezeichnet oder direkt in den Untergrund geritzt. Verwendet wurden sie an Orten, die von vielen möglichen Adressaten aufgesucht wurden.
Je nach Verwendung unterschied man:

Richtungs- oder Wegweiser- zinken

wurden oft an Weggabelungen angebracht. Ihr Aufbau war weitgehend gleichartig: ein Pfeil gab die Richtung an, ein Datum den Tag der Abreise, lange oder kurze Striche bezeichneten Männer und Frauen, kleine Kreise oder andere Symbole stellten Kinder und Tiere dar. Durch Kombination mit einem Erkennungszinken ergaben sich für nachfolgende Reisende sehr präzise Informationen.

Bettlerzinken

gaben z.B. Auskunft darüber, ob man fromm oder zudringlich auftreten sollte, ob nur Frauen oder womöglich ein Polizeibeamter das Haus bewohnten, ob eine Mahlzeit nur gegen Arbeit zu bekommen war usw.

Gaunerzinken

Komplizen konnten damit angeworben werden, Nachrichten über Verhaftungen, Flucht, Geständnisse oder Verrat wurden verbreitet, ebenso Informationen über geplante Straftaten.

Erkennungszinken

wurden von Einzelpersonen oder Familien verwendet. Diese hatten häufig Ähnlichkeit mit Wappen und waren wie diese aus bestimmten Grundformen zusammengesetzt, etwa aus Tierdarstellungen und geometrischen Figuren, angereichert mit Schmuckelementen wie Schlangenlinien und dergleichen. Mitunter wurden auch Siegelringe mit diesen Motiven angefertigt.

Räuber in Lied, Gedicht und Literatur

Wer kennt sie nicht: Lieder und Erzählungen aus dem oft lustig dargestellten Räuberleben.
Die Beschönigung der Lebensgeschichten von realen Räubergestalten begann oft schon zu deren Lebzeiten durch Bänkelsänger und Geschichtenerzähler.
Doch auch berühmte Schriftsteller wie z.B. Schiller haben mit ihren Werken zur Verherrlichung und Hochstilisierung von Räubern zu „Robin-Hood-Typen" beigetragen.
Bezeichnend für manche Räuber in der Literatur des 18. Jahrhunderts ist, dass diese zwar gegen das Gesetz, aber für die Gerechtigkeit kämpfen.
Der Trend zum „guten Räuber" hält bis ins 20. Jahrhundert mit verschiedenen Verfilmungen an (z.B. Schinderhannes, 1958).

Räuber in der Literatur seit dem 18. Jahrhundert (Beispiele):

Jahr:
1781 „Die Räuber", Friedrich Schiller
1793 „Abällino, der große Bandit", Roman von Heinrich Zschokke
1798 „Rinaldo Rinaldini, der Räuberhauptmann", von Christian August Vulpius
1828 „Das Wirtshaus im Spessart" von Wilhelm Hauff
1962 „Der Räuber Hotzenplotz", Kinderbuch von Ottfried Preußler. (Fortsetzungen: 1970, 1973)
1963 „Die drei Räuber", Bilderbuch von Tomi Ungerer
1972 „Die Räuber", Roman von Robert Walser
1981 „Ronja Räubertochter", Jugendbuch von Astrid Lindgren
1998 „Räuber Heigl – Der Höhlenmensch vom Kaitersberg", Roman von Manfred Böckl über den Räuber Michael Heigl aus dem Bayerischen Wald.

„Räuber Hotzenplotz" von Otfried Preußler

Das Lied vom Bayerischen Hiasl ist wohl schon 1763 entstanden:

„Ich bin der bayrisch Hiesel
Kei' Kugel geht mir ein:
Drum fürcht ich auch kein' Jäger,
Sollt's gleich der Teufel sein.

Im Wald drauß ist mei' Heimat,
Im Wald drauß ist's a Leb'n,
Da schieß ich Reh' und Hirsche
Und Wildschwein auch daneb'n."

„Die Räuber" von Friedrich Schiller. Titelblatt des Erstdruckes

„Ronja Räubertochter" von Astrid Lindgren

Im Jahre 1781 veröffentlichte Friedrich Schiller sein Werk „Die Räuber". Nachfolgend einige Zitate aus diesem Werk:

„Ein freies Leben führen wir, ein Leben voller Wonne;"

„Morgen hangen wir am Galgen, Drum lasst uns heute lustig sein."
„Männer such ich, (...) die Freiheit höher schätzen als Ehre und Leben".
„Was soll der fürchten, der den Tod nicht fürchtet".

Lebensbeschreibung des Bayerischen Hiasl, 1772.

Filmplakat 1958. „Der Schinderhannes" mit Curd Jürgens und Maria Schell

Abbildungen und Quellen zu den Tafeln:

Die Silhouette des wild um sich schießenden Räubers ist eine Abwandlung eines Stiches des Räubers Louis Mandrin. Original: unbekannter Zeichner, Bibliothèque Nationale (Dessin anonyme, Bibl. Nat.), Frankreich.

Mandrin et ses ballots de tabac
Dessin anonyme (Bibl. Nat.)

Der Titel der Ausstellung „Sehn wir Galg´ und Räder stehen" ist ein Zitat aus dem sogenannten „Straßenräuberlied". Der Ursprung des Liedes ist nicht geklärt. Ludwig Erk sagt in seinem Werk *„Deutscher Liederhort" (Auswahl der vorzüglicheren Deutschen Volkslieder, Dritter Band, Leipzig 1894)* folgendes aus: *„Dieses Räuberlied wurde noch um 1830 in Oberhessen, im Hinterland und der Wetterau (nördlich von Frankfurt) viel gesungen. Es war das Lieblingslied des rothen August Becker, der um jene Zeit in dem Weidig-Processe eine Rolle spielte und schließlich als Feldprediger in Nordamerika starb... Auch in Schlesien wurde es um 1840 gesungen und gibt es daher Hoffmann in seinen schlesischen Volksliedern Nr. 41 mit wenig Abweichung..."*

Eine Aufzeichnung einer etwas anderen Version des Liedes findet sich gemäß der gleichen Quelle in der Sammlung von Arnim. Diese soll um 1806 in der Gegend von Mosbach aufgeschrieben worden sein.

Tafel 1 – Sehn wir Galg und Räder stehen:

Bild mit Hinrichtung in Regensburg 1739: Hinrichtung des Anton Raab in Regensburg 1739. Abgebildet in der Chronik des Gottl. Dimpfel 1740. Aus „Regensburg – Aus Kunst-, Kultur- und Sittengeschichte", Karl Bauer, 4. Auflage 1988.

Bezüglich der Kriminalität im 18. Jahrhundert möchte ich hier ein Zitat aus dem Buch „Geld oder Leben – Vom Postkutschenüberfall zum virtuellen Datenraub" (Kataloge der Museumsstiftung Post und Telekommunikation, Band 22, Herausgegeben von Klaus Beyrer, 2006) wiedergeben: *„Das 18. Jahrhundert glänzt in der Geschichte nicht nur als Jahrhundert der Aufklärung, es gilt auch als ein Jahrhundert der Bandenkriminalität. Rund 40 Prozent der Bevölkerung machten die besitz- und landlosen Unterschichten damals aus, mehr als 10 Prozent aller gehörten zu den Randgruppen der Vaganten und Ausgestoßenen, der arbeitslosen Landsknechte, Gaukler, Landstreicher und Bettler. Zu einigen wenigen Dutzend addiert sich dabei die Zahl der großen Räuberbanden. Doch vermochten ihre Mitglieder weite Länder und Regionen über Jahre in Angst und Schrecken zu versetzen."*

Tafel 2 – Deutsche Räuberbanden im 18. und frühen 19. Jahrhundert:

Karten mit Übersicht der Räuberbanden in Deutschland im 18. und frühen 19. Jahrhundert: Die beiden Karten wurden entnommen aus „Räuber und Gauner in Deutschland", Carsten Küther, in „Kritische Studien zur Geschichtswissenschaft 20", Göttingen 1976. Zur besseren Übersicht wurden die Karten nachkoloriert.

Tafel 3 – Berühmte Räuber des 18. Jahrhunderts:

Stich des berühmten französischen Räubers Louis Mandrin: Darstellung eines unbekannten Zeichners des 18. Jahrhunderts. Bilbiothèque Nationale (Dessin anonyme, Bibl. Nat.), Frankreich.

Portrait Johannes Bückler: Gemälde von Karl Matthias Ernst, 1803. Stadtarchiv Mainz. Gemeinfrei über Wikipedia.

Stich Matthias Klostermayr: Ausschnitt aus dem Frontispiz der Lebensbeschreibung von 1772. „Leben und Ende des berüchtigten Anführers einer Wildschützenbande Mathias Klostermayrs, oder des sogenannten Bayerischen Hiesels...", Augsburg, Frankfurt und Leipzig, Jakob Friedrich, 1772. Gemeinfrei über Wikipedia.

Stich Hinrichtung durch Rädern: Entnommen dem nachbeschriebenen Buch. Der Stich zeigt nicht die Hinrichtung des Bayerischen Hiasl, sondern ist Teil der Bildergeschichte eines Brudermörders aus dem 18. Jahrhundert. Gemäß dem Buch „Die Germanischen Todesstrafen", Karl von Amira, 1922, zeigt das Flugblatt die Geschichte eines Brudermörders in vier Bildern (*„Einblattdr. im German. Mus. zu Nürnberg H. B. 18154"*).

Allgemein zum Thema: „Bayerns böse Buben", Heiner Boehnke und Hans Sarkowicz, Frankfurt am Main 1997.

Tafel 4 – Der oberpfälzische Räuberhauptmann Franz Troglauer:

Bevölkerungsliste mit dem dreijährigen Franz T.: Staatsarchiv Amberg, Amt Parkstein 3075/I.

Stammbaum der Troglauer-Familie: Erstellt von Bernhard Weigl. Alle unterstrichenen Personen geraten mit dem Gesetz in Konflikt.

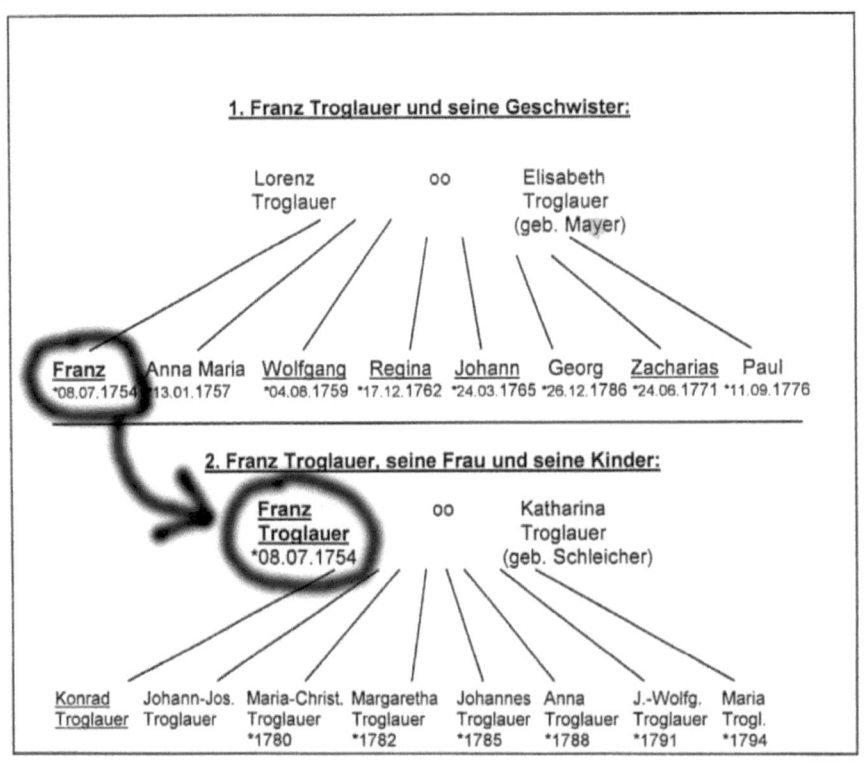

Schattenriss: Gezeichnet von Bernhard Weigl

Sämtliche Quellen zum Lebenslauf Troglauers finden sich in meinem Buch „Der Galgen ist mein Grab", Verlag Eckhard Bodner, Pressath 2005. Einzelquellen werden hier und auf den nachfolgenden Tafeln nur noch in Ausnahmen angegeben.

Tafel 5 – Franz Troglauer – Erste Straftaten:

Foto Gasthof zur Post in Mantel: Bild in Privatbesitz des Autors

Foto Landgerichtsgebäude Parkstein: aus „Historischer Rundgang durch Parkstein", herausgegeben vom Heimatkundlichen Arbeitskreis Parkstein, 1997. Das Gebäude beherbergt inzwischen das Vulkanmuseum Parkstein.

Abbildung Einlieferungsbefehl für Franz Troglauer in das Amberger Zuchthaus – 1786: Staatsarchiv Amberg, Landrichteramt Parkstein Nr. 108. Der Akt trägt den Titel *„Einschaffung des Franz Troglauer aus Mantel in das Amberger Zuchthaus 1786".*

Anschrift des Briefes:

„Unserem PfalzSulzbach. Landrichtern, des Amts und Landgericht Parkstein und Weyden, auch lieben getreuen Johann Georg von Grafenstein…"

Text des Schreibens:

„Carl Theodor von Gottes Gnaden Pfalzgraf bey Rhein, Herzog in Ober- und Nieder Baiern, des Heil. Röm. Reichs Erztruchseß und Churfürst, zu Jülich Cleve und Berg Herzog &&

Unseren Gruß zuvor, lieber getreuer! Nachdeme auf eueren unterthänigist eingeschickten Bericht und Acta in Betref des zu Parkstein in puncto vagi et Suspecti hurti in verhaft sizenden Franz Troglauer von Mantel unterthänigist referiret und hierauf zu Recht erkannt worden, daß ersagter Troglauer als ein öfters corrigirter und gefährlicher Mißiggänger auf ein halbes Jahr in das Zuchthaus nacher Amberg zu condemniren seye; als befehlen wir euch hierdurch gnedigst, ihr sollet mit dessen Arretirung bis zu einlauffender Antwort von unserer Regierung Amberg continuiren, und das weitere dißfalls ehenstens abwarten, auf des Troglauers Bruder aber Amtsspähe legen, und ihme über die demselben gravirende Puncta auf betretten constituiren, dann die hierüber abgehaltene Protocolla einschicken, des Franz Troglauers seinen Hirschfänger, Huth, und Flinten plurinum offerenti verkauffen, und so weit es zulanget, die erloffene Unkosten hievon zum Theil bestreitten, den überrest aber in einer Specification ad as Signandum einschicken. Wir versehen Uns dessen, und seynd euch anbey mit Gnaden gewogen. Sulzbach den 9.ten December 1786. Churfürstl. Pfalz.Sulzbach. Regierung. S. Weinbach".

Burg Dagestein in Vilseck: Abgebildet in „Die Burg Dagestein", Eugen Hierold in Chronik der Stadt Vilseck, 1981. Angaben zum Zeichner fehlen hier.

Tafel 6 – Die fränkische Diebes- und Räuberbande:

Stich Marktplatz von Fürth, 1704: Stich von J. A. Boener.

Stich Weihbischofshof in Bamberg: Kupferstich von Georg Christoph Wilder, nach 1810. Aus „Taschenbuch von Bamberg", Joseph Heller, Bamberg 1831. Allgemein zum sogenannten Weihbischofspavillon siehe „Kunstdenkmäler von Oberfranken, Stadt Bamberg. Innere Inselstadt, 1. Halbband", Tilmann Breuer und Reinhard Gutbier, München 1990.

Abbildung erste Seite des „Dachsbacher Protokolls", 1798: Staatsarchiv Landshut, Pfleggericht Neumarkt B8.

Tafel 7 - Rotwelsch:

Die Wortbeispiele stammen komplett aus der Zeitung „Der Fränkische Merkur" vom 13. November 1798.

Das Textbeispiel stammt aus dem Werk „Aktenmäßige Geschichte der Räuberbanden an den beiden Ufern des Mains, im Spessart und im Odenwalde. – Nebst einer Sammlung und Verdollmetschung mehrerer Wörter aus der Jenischen oder Gauner-Sprache", Ludwig Pfister, Heidelberg 1812.

Allgemein zum Thema Rotwelsch ist zu empfehlen: „Rotwelsch – Quellen und Wortschatz der Gaunersprache und der verwandten Geheimsprachen", von Friedrich Kluge, Straßburg 1901.

Tafel 8 – Troglauer auf der Flucht:

Die Steckbriefe zur Fränkischen Diebes- und Räuberbande wurden handschriftlich und gedruckt versendet. Dazu auch in verschiedenen Zeitungen veröffentlicht. Hier als Quelle: Stadtarchiv Nürnberg, B13 – Schöffenamt – 224/71.

Abb. Steinerne Brücke Regensburg: Stich aus dem Jahr 1786. *„Die große steinerne Brücke über die Donau zu Regensburg, wie solche vor der großen Überschwemmung 1784 gegen Morgen anzusehen war"*, C.W. Bock, Nürnberg 1786. Abgebildet in „Weltwunder Steinerne Brücke", Eberhard Dünninger, 1996.

Abb. Festung Wülzburg, 1649: Stich von Matthäus Merian aus der Topographia Franconiae. Der Stich zeigt die Wülzburg mit dem 1634 abgebrannten Schlossbau. Zur Geschichte der Wülzburg siehe „Die Kunstdenkmäler von Bayern – Mittelfranken", V. Stadt und Bez.-Amt Weissenburg i.B., Herausgegeben im Auftrag des Landesamtes für Denkmalpflege von Felix Mader, München 1932. Oder auch „Die Wülzburg – Architekturgeschichte einer Renaissancefestung", Thomas Biller unter Mitwirkung von Daniel Burger, 1996.

Abb. Karte Nordbayern, Ende 18. Jh.: Zeichnung von Bernhard Weigl. Als Vorbild und Quelle diente die Karte „Deutschland 1789" in „Großer historischer Weltatlas", III. Teil, Neuzeit, Bayerischer Schulbuchverlag 1967.

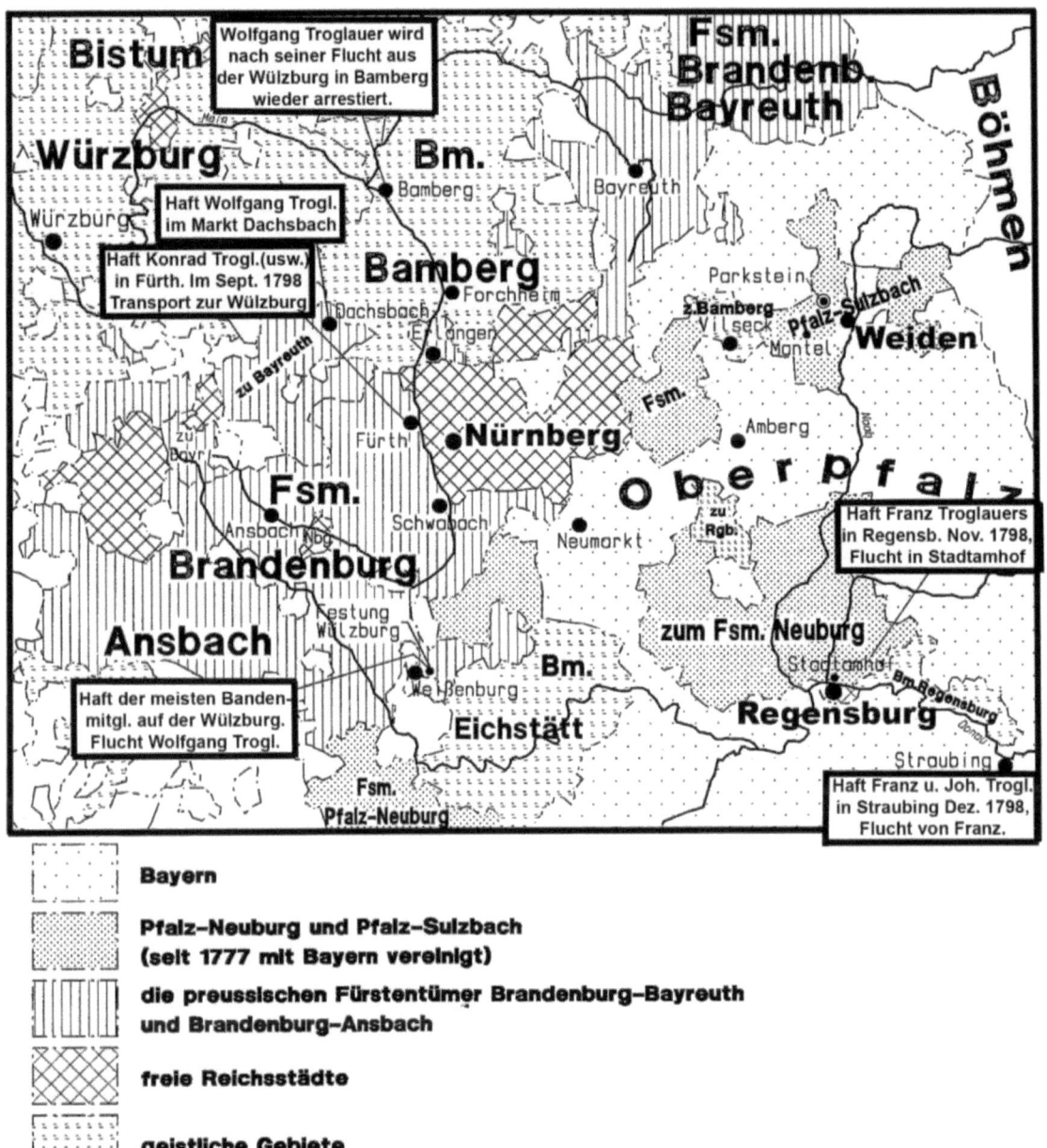

Bistum
Würzburg
Würzburg

Wolfgang Troglauer wird
nach seiner Flucht aus
der Wülzburg in Bamberg
wieder arrestiert.

Haft Wolfgang Trogl.
im Markt Dachsbach

Haft Konrad Trogl.(usw.)
in Fürth. Im Sept. 1798
Transport zur Wülzburg

Bm.
Bamberg

Bamberg

Forchheim

Dachsbach

Erlangen

zu Bayreuth

zu
Bayr.

Fürth

Nürnberg

Schwabach

Fsm.
Brandenb.
Bayreuth

Bayreuth

Böhmen

Parkstein

z.Bamberg

Vilseck

Montel

Pfalz-Sulzbach

Weiden

Amberg

Oberpfalz

Fsm.

Fsm.

Ansbach Nbg

Brandenburg

Ansbach

Haft der meisten Banden-
mitgl. auf der Wülzburg.
Flucht Wolfgang Trogl.

Festung
Wülzburg

Weißenburg

Bm.

Eichstätt

Neumarkt

zu
Rgb.

zum Fsm. Neuburg

Stadtamhof

Regensburg

Haft Franz Troglauers
in Regensb. Nov. 1798,
Flucht in Stadtamhof

Bm. Regensburg

Donau

Straubing

Haft Franz u. Joh. Trogl.
in Straubing Dez. 1798,
Flucht von Franz.

Fsm.
Pfalz-Neuburg

Legende:

Bayern

Pfalz-Neuburg und Pfalz-Sulzbach
(seit 1777 mit Bayern vereinigt)

die preussischen Fürstentümer Brandenburg-Bayreuth
und Brandenburg-Ansbach

freie Reichsstädte

geistliche Gebiete

Tafel 9 – Troglauer – die eigene Bande (1799):

Abb. Karte Nordbayern mit den Tatorten Troglauers: Angefertigt von Bernhard Weigl. Die Karte wird zur besseren Übersicht hier noch einmal vergrößert wiedergegeben.

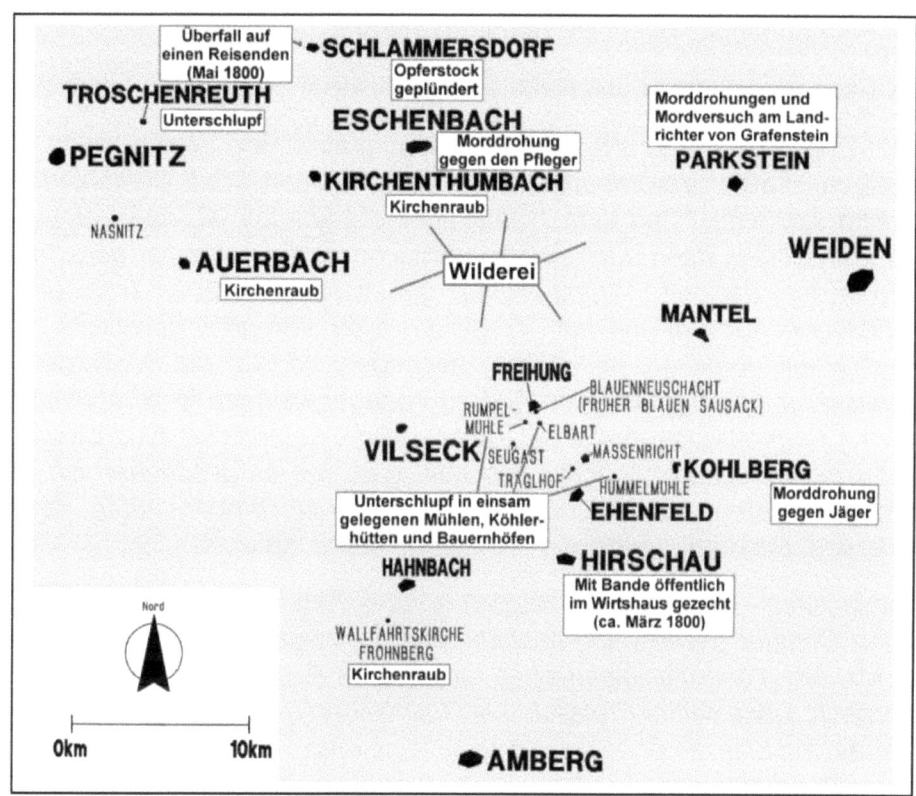

Abb. Portrait des Landrichters Georg von Grafenstein: Privateigentum der Familie von Grafenstein, Markt Taschendorf. Das Portrait wurde z.B. auch für die Ausstellung im Freilandmuseum Neusath-Perschen freundlicherweise als Original zur Verfügung gestellt.

Abb. Kirchenthumbach um 1730: Zeichnung eines unbekannten Künstlers. Abgebildet in „Bilder aus alten Zeiten", herausgegeben vom Kulturkreis Kirchenthumbach (KKK), 1996.

Abb. Neumarkt/Opf., 17. Jh.: Kupferstich von Matthäus Merian, aus Topographia Bavariae.

Tafel 10 – 100 Gulden Belohnung (1800):

Abb. Foto Stadtplatz Hirschau: Bernhard Weigl

Abb. Stich „Unsicherheit und Raub auf der Strassen": Stich von Jakob Wagner, nach 1720.

Abb. Oberpfälzisches Wochenblatt: Oberpfälzisches Wochenblatt, Amberg, den 11ten December, 1800: *„Verordnung. Da von der hiesigen Stadt-Commandantschaft die schriftliche Anzeige sub dato 17ten vurr. hieher gemacht worden ist, daß der als Deserteur und wegen Kirchendiebstahl, dann auch wegen Verdacht als Complex der berüchtigten Räuberbande von Fürth in dem dasigen Militärstockhaus gesessene Zacharias Troglauer, und der wegen einer gestohlenen Sackuhr mit ihm Troglauer allda verhaftet gewesene Gemeine Andreas Karl gewaltig ausgebrochen, und flüchtig gegangen; so wird die Description der gedachten zween Ausreisser mit dem gnädigsten Auftrag in gegenwärtigen Wochenblättern eingerückt, daß von jedem Churfürstlichen Amte auf diese beyde gefährliche Flüchtlinge gute Spähe bestellet, solche auf Attrapiren handgest gemacht, und, wie es geschehen ist, gehorsamst ad regimen berichtet werden soll. Amberg den 26sten November 1800. Churfürstl. oberpfälzische Regierung. Freyherr von Egcker, Präsident. Merkl, Sekretär.*

Descriptiones – der aus dem hiesigen militärischen Stockhaus in der Nacht vom 29sten auf den 30sten October gewaltthätig ausgebrochenen zween Arrestanten. I. Zacharias Troglauer, ein aus Mantel im churpfalzbaierischen Landgericht Parkstein gebürtiger Weberssohn, 30 Jahre alt, katholisch, ledig, seiner Profession ein Leinweber, fünf Schuh drey Zoll groß, hat ein länglichtes, hageres und blasses Angesicht, eine spitzige etwas länglichte Nase, und dunkelbraune in einen Zopf gebundene Haare, er trägt einen dunkelgrauen sommermanschestenen Rock mit gelben Knöpfen, ein blau-roth- und weißgestreiftes Leibchen, abgetragene schwarzlederne Beinkleider, blaubaumwollene Strümpfe, Schuhe mit gelben Schnallen, und einen schwarzen runden Filzhut: er redet nach der oberpfälzischen Mundart. Dieser Troglauer ist bey dießortiger churfürstlicher Commandantschaft als Deserteur und Kirchendieb, dann wegen Verdacht, ein Complex der berüchtigten Räuberbande von Fürth zu seyn, in der Untersuchung gelegen."

Tafel 11 – Troglauer – Gefangennahme, Hinrichtung (Dez. 1800 – Mai 1801):

Abb. Foto Stadttor in Freystadt bei Neumarkt: Claudia Kick

Abb. Foto Fronfeste in Amberg: Petra Henrich-Weigl

Abb. Foto Ziegeltor in Amberg: Petra Henrich-Weigl

Abb. Karte der „Armesünderweg" in Amberg: Zeichnung Bernhard Weigl. Als Vorbild diente eine Karte in „Der Scharfrichter zu Amberg", August Klarmann, in „Oberpfälzer Heimat", Band 11.

Abb. Sterbeeintrag im Amberger Kirchenbuch: Bischöfliches Zentralarchiv Regensburg, Kirchenbuch Amberg – St. Martin, Bd. 27/10 – Jahrgang 1801.

Allgemein zur Geschichte des Marktes Mantel und dem Brand vom 12. Mai 1801: „Historischer Rundgang durch die Gemeinde Mantel – für Einheimische, Neubürger und Gäste", Bernhard Weigl, Verlag Eckhard Bodner – Pressath, 2007.

Tafel 12 – Gerichtsbarkeit im 18.Jh.:

Abb. Titelseite der Constitutio Criminalis Carolina: Erste Seite des Drucks von 1577. *„Gedruckt zu Franckfurt am Mayn: Durch Johannem Schmidt, in Verlegung Sigmund Feyrabends"*. Entnommen aus Wikimedia Commons.

Abb. vier Bilder aus der Bambergischen Halsgerichtsordnung, 1507: Die Bambergische Halsgerichtsordnung ist komplett digitalisiert und im Internet zugänglich. Siehe folgenden Link: mateo.uni-mannheim.de/desbillons/bambi.html.

Zur Gerichtsbarkeit im 18. Jahrhundert siehe z.B. „Kriminalgeschichte Bayerns", Reinhard Heydenreuter, Regensburg 2003.

Tafel 13 - Ehrenstrafen:

Abb. Foto einer bemalten Halsgeige, zwei raufende Frauen und ein Geigenspieler, 17.Jh.: Stadtmuseum Sulzbach, Foto: Bernhard Weigl

Abb. Foto von zwei doppelten Halsgeigen für „zänkische Weiber": Stadtmuseum Neustadt/WN, Foto: Bernhard Weigl

Abb. Grafik einer Frau in Halsgeige: Bernhard Weigl

Abb. Schandtafel, 1739: Stadtmuseum Regensburg, wiedergegeben in „Regensburg – Aus Kunst-, Kultur- und Sittengeschichte", Karl Bauer, 4. Auflage, 1988, Seite 832.

Abb. Foto Schandtafel Brandstiftung zu Rupprechtsreuth: Stadtmuseum Neustadt/WN, Foto: Bernhard Weigl

Abb. Foto Schandtafel Brandstiftung zu Rothenstadt: Stadtmuseum Neustadt/WN, Foto: Bernhard Weigl

Tafel 14 – Pranger in der Oberpfalz:

Abb. Springbrunnen in Weiden mit zwei Frauen in einer Doppelhalsgeige: Foto: Bernhard Weigl. Der Brunnen des Künstlers Günter Mauermann entstand 1985/86. Er steht am Unteren Markt in Weiden (siehe www.weiden-tourismus.info).

Abb. Lasterstein von 1766 in Letzau: „Beiträge zur Flur- und Kleindenkmalforschung in der Oberpfalz e. V. (BFO)", Band 1988.

Abb. Pranger in Regensburg, 1644: Bild und Informationen entnommen aus „Regensburg – Aus Kunst-, Kultur- und Sittengeschichte", Karl Bauer, 4. Auflage 1988.

Abb. Auspeitschung an einer Prangersäule, 1727: Bild entnommen aus „Schurken, Schmuggler & Gerichte – Auf den Spuren historischer Kriminalfälle im alten Zons", Jost Auler, 2007.

Abb. Auspeitschung von Frauen an einer Prangersäule, 1782: Stich von Daniel Chodowiecki.

Abb. Stich von Oberviehhausen bei Sinzing mit Prangersäule: Stich von Michael Wening um 1700. Die Stiche von Wening wurden digitalisiert und sind über „Bavarikon" zugänglich. Der Link für den Stich von Oberviehhausen:

https://www.bavarikon.de/search?lang=de&terms=Oberviehhausen&sort=titel%3Aasc&rows=10&idp=LVG-HTD.

Abb. Foto des Prangers am Torturm der Friedhofsbefestigung in Luhe. Foto: Claudia Kick

Abb. Foto des Prangers am alten Rathaus in Weiden. Foto: Bernhard Weigl

Abb. Foto des Prangers am alten Rathaus in Roding. Foto: Claudia Kick

Tafel 15 – Die „Peinliche Befragung":

Abb. Mehrere Stiche aus dem Werk Constitutio Criminalis Theresiana, 1768: Das Buch wurde digitalisiert und ist im Internet z.B. unter folgendem Link zugänglich: https://docnum.unistra.fr/digital/collection/coll2/id/25985.

Tafel 16 – Haft in der Oberpfalz:

Abb. Fußfessel, 17. Jh., Stadtmuseum Sulzbach-Rosenberg. Foto: Bernhard Weigl

Abb. Sitzbrett mit Stacheln, 17.Jh., Stadtmuseum Sulzbach-Rosenberg. Foto: Bernhard Weigl

Abb. Stich mit Darstellung einer peinlichen Befragung, Ende 18.Jh.: Das Bild wird auch wiedergegeben in „Weltstadt München meine Heimat", München 1989 (ohne weitere Quellenangaben).

Abb. Stich mit Strafgefangenen bei der Arbeit, 18.Jh.: Stich von Daniel Chodowiecki.

Abb. Schützenscheibe von Johann Christoph Kirchberger, 1798: Historisches Museum Regensburg. Bild entnommen aus „Regensburg – Aus Kunst-, Kultur- und Sittengeschichte", Karl Bauer, 4. Auflage 1988. Die Tafel wurde freundlicherweise im Original auch für die Ausstellung im Freilandmuseum Neusath-Perschen zur Verfügung gestellt. Auf der Scheibe ist ein Mann mit einer Laute dargestellt. Mit den Füßen wurde er in einen Block gesperrt.

Abb. Tür einer Gefängniszelle aus Kemnath, Mitte 18.Jh. Foto: Bernhard Weigl

Abb. Foto einer erhaltenen Gefängniszelle in Kemnath, Mitte 18.Jh. Foto: Bernhard Weigl

Abb. Fotos von zwei Fesseln, Alter nicht bekannt, Stadtmuseum Neustadt/WN. Foto: Bernhard Weigl

Tafel 17 – Die Abschaffung der Folter:

Abb. Stich mit Aufziehen, Constitutio Criminalis Theresiana, 1768 (siehe Tafel 15).

Quelle zur Abschaffung der Folter in einzelnen deutschen Staaten: Hier ist als neuere Literatur zu nennen „Die Geschichte der Folter seit ihrer Abschaffung", Karsten Altenhain und Nicola Willenberg (Hg.), 2011.

Tafel 18 – Die Todesstrafe im 18.Jahrhundert in der Oberpfalz:

Abb. Foto des Galgens in Beerfelden: Foto von Jost Auler.

Abb. Foto eines rekonstruierten Galgens im Freilandmuseum Neuhaus ob Eck: Freilandmuseum Neuhaus. Der rekonstruierte Galgen existiert laut telefonischer Auskunft nicht mehr.

Abb. Zeichnung verschiedener Strafen der Hochgerichtsbarkeit, frühes 18.Jh.: Daniel Pfisterer. Wiedergegeben in „Schurken, Schmuggler & Gerichte – Auf den Spuren historischer Kriminalfälle im alten Zons", Jost Auler, 2007. Zur besseren Sichtbarkeit hier farbig hinterlegt.

Abb. Stich mit Hinrichtung, Regensburg 1739: Hinrichtung des Anton Raab in Regensburg 1739. Abgebildet in der Chronik des Gottl. Dimpfel 1740. Aus „Regensburg – Aus Kunst-, Kultur- und Sittengeschichte", Karl Bauer, 4. Auflage 1988. Hier wird auch die komplette Geschichte Raabs erzählt.

Liste über Hinrichtungen zu Parkstein: entnommen aus „Die Oberpfalz", Jahrgang 1923. Unter der Überschrift „Verschiedenes – Hinrichtungen zu Parkstein im 18. Jahrhundert", Scharrer.

Kindsmord in Cham 1736: „Auf Kindsmord stand die Todesstrafe", Günther Rinck, in „Die Oberpfalz", 2003.

Hinrichtung der 13-jährigen Margarethe Distler zu Amberg: „Der Scharfrichter zu Amberg", August Klarmann, in „Oberpfälzer Heimat", Band 11.

Tafel 19 – Galgen in der Oberpfalz:

Abb. Galgen in Vohenstrauß um 1600: Staatsarchiv Amberg, Standbuch 1197. Pfalz-Neuburgische Landesaufnahme: Das Richteramt Vohenstrauß (Teilkarte 2), Christoph Vogel, Mathäus Stang, 1600. Die Karte ist digitalisiert und über „Bavarikon" zugänglich.

Abb. Galgen in Leuchtenberg um 1600: Pfalz-Neuburgische Landesaufnahme: Das Richteramt Vohenstrauß (Teilkarte 3), Christoph Vogel, Mathäus Stang, 1600. Die Karte ist digitalisiert und über „Bavarikon" zugänglich.

Abb. Galgen in Regensburg, Ende 16.Jh.: aus „Regensburg – Aus Kunst-, Kultur- und Sittengeschichte", Karl Bauer, 4. Auflage 1988.

Abb. Galgen in Nabburg, 17.Jh.: Matthäus Merian, Topographia Bavariae.

Abb. Galgen in Erbendorf, 1594: entnommen aus „Geschichte der Stadt Erbendorf", Wilhelm Gollwitzer, 1967.

Abb. Galgen in Amberg, 19.Jh.: aus „Amberg in historischen Ansichten", Hans Frank, 1983.

Abb. Galgen in Auerbach, 1581: entnommen aus „Auerbach in der Oberpfalz", Fritz Schnelbögl, 1976.

Abb. Galgen in Waldau um 1600: Pfalz-Neuburgische Landesaufnahme: Das Richteramt Vohenstrauß (Teilkarte 1), Christoph Vogel, Mathäus Stang, 1600. Die Karte ist digitalisiert und über „Bavarikon" zugänglich.

Abb. Galgen in Grafenwöhr um 1806: „Carte de la Baviere", Aubert.

Abb. Galgen in Weiden um 1806: „Carte de la Baviere", Aubert.

Abb. Galgen in Floß um 1600: Pfalz-Neuburgische Landesaufnahme: Das Pflegamt Flossenbürg (Teilkarte 5), Christoph Vogel, Mathäus Stang, 1600. Die Karte ist digitalisiert und über „Bavarikon" zugänglich.

Tafel 20 – Galgen in der Oberpfalz – was blieb?:

Abb. Galgen in Burglengenfeld um 1600: Kopie von Martin Fiechtl nach Christoph Vogel, 1762. Zur Verdeutlichung hier noch ein Ausschnitt mit dem Burglengenfelder Galgen aus „Die Pfalz-Neuburgische Landesaufnahme: Das Pflegamt Burglengenfeld (Teilkarte 13)", Christoph Vogel, Mathäus Stang, 1600: Hier ist der runde Galgen mit seinen drei Säulen sehr gut erkennbar (daneben steht ein Rad).

Zum Vergleich nachstehend die Abbildung eines gemauerten Rundgalgens auf einem Stich von Matthäus Merian mit der Schlacht von Lützen 1632 (Theatrum Europaeum, Bd. II, 1633).

Abb. Foto des Galgenrestes in Burglengenfeld. Foto: Claudia Kick.

Abb. Foto der Windfahne in Weiden mit einem Galgenmännchen. Foto: Claudia Kick.

Abb. Foto des Galgenrestes in Amberg. Foto: Claudia Kick.

Abb. Zeichnerische Rekonstruktion des Galgens von Pleystein. Zeichnung von Siegfried Poblotzki aus „Oberpfälzer Heimat", Band 37.

Abb. Foto der Galgenstelle von Pleystein. Foto: Claudia Kick.

Zum Ende der Galgen 1809 siehe „Der Scharfrichter zu Amberg", August Klarmann, in „Oberpfälzer Heimat", Band 11.

Quelle zum Text: „Der Scharfrichter zu Amberg", von August Klarmann, in „Oberpfälzer Heimat", Band 11.

Tafel 21 – Verscharrt unterm Galgen:

Abb. Zeitungsartikel vom 26.09.1935: Aus dem "Chamer Tagblatt". Freundlicherweise übermittelt vom Stadtarchiv Cham. *„Cham. Geschichtliche Funde. Gestern und vorgestern wurden bei Grabungen auf dem Galgenberg bei Altenstadt 16 guterhaltene menschliche Skelette sowie eine Silbermünze mit der Jahreszahl 1674 gefunden. Da sich in der Nähe der Fundstelle in früheren Jahrhunderten die Richtstätte von Cham befunden hat, wird man wohl in der Annahme nicht fehlgehen, daß die Gebeine von Erhängten stammen. Die Funde wurden in einer Tiefe von ½ Meter gemacht. Die letzte Hinrichtung auf dem Galgenberge wurde im Jahre 1835 vollzogen."*

Abb. Stadt Cham um 1749: Staatsarchiv Amberg, Plansammlung 118.

Abb. Foto von drei menschlichen Schädeln. Gefunden 1935 auf dem Chamer Galgenberg. Foto: Stadtarchiv Cham.

Abb. Plan mit Ausgrabungsergebnissen aus Emmenbrücke (Schweiz). Plan aus „Richtstätten des ausklingenden Mittelalters und der frühen Neuzeit im Fokus moderner Archäologie", Jost Auler M.A.

Abb. Skelett eines Geköpften aus Hessisch-Lichtenau. Aus „Richtstätten des ausklingenden Mittelalters und der frühen Neuzeit im Fokus moderner Archäologie", Jost Auler M.A.

Die kuriose Geschichte über den Umgang mit zwei Gehängten in der Stadt Weiden: Stadtarchiv Weiden, R.Prot. 30.I. 1604. Siehe hierzu auch „Verfassungsgeschichte der Stadt Weiden im Mittelalter und in den ersten Jahrhunderten der Neuzeit", Dr. Adolf Schuster, in „Verhandlungen des Historischen Vereins von Oberpfalz und Regensburg", 92. Band – 1951.

Tafel 22 – Köpfstätten in der Oberpfalz:

Abb. Stich Hinrichtung einer Kindsmörderin in München 1769: Der Stich zeigt die Hinrichtung der Agatha Laimer 1769 auf dem Rabenstein in München. Das Bild ist Bestandteil des Flugblatts mit der Überschrift *„Auferbäuliches Lebens-Ende der Agatha Laimerinn, welche den 21. July 1769, allhier durch das Schwerdt vom Leben zum Tod hingerichtet, und von jedermann wegen ihren auserordentlichen Geistes, und Gemüthsfassung dann der annoch auf der Richtstätte gehaltenen Anrede bewundert worden."* Auf der Tafel habe ich angegeben, dass die Delinquentin wegen Kindesmords zum Tode verurteilt wurde. Reinhard Heydenreuter gibt dies in seinem Werk „Kriminalgeschichte Bayerns" (Regensburg, 2003, Seite 84) so an. In der Num. 30 „Des Münchnerischen Wochenblattes in Versen" vom 22. Juli 1769 findet sich der Abdruck *„Wohlverdientes Todesurtheil nebst einer Moralrede der Agatha Laimerin".* Demnach wurde die Dame wegen Diebstahl und Raub verurteilt. Die Zeitung findet sich im Internet digitalisiert unter Google-Books:
https://www.google.de/books/edition/M%C3%BCnchnerisches_Wochen_Blat_in_Versen/cNxRA AAAcAAJ?hl=de&gbpv=1&dq=%22agatha+laimerin%22&pg=PP161&printsec=frontcover.

Abb. Regensburger Köpfstätte 1639: aus „Regensburg – Aus Kunst-, Kultur- und Sittengeschichte", Karl Bauer, 4. Auflage 1988.

Abb. Ansicht der Stadt Weiden 1601: Die Pfalz-Neuburgische Landesaufnahme: Das Pflegamt Flossenbürg (Teilkarte 7), von Christoph Vogel und Mathäus Stang, 1601. Die Karte ist digitalisiert zugänglich auf „Bavarikon": https://www.bavarikon.de/object/bav:GDA-LAA-0000BAYHSTAPL240?lang=de.

Abb. Kostenvoranschlag Neubau Köpfstätte in Parkstein: Staatsarchiv Amberg, Amt Parkstein, 2063.

Quelle Enthauptung in Regensburg 1739: aus „Regensburg – Aus Kunst-, Kultur- und Sittengeschichte", Karl Bauer, 4. Auflage 1988.

Tafel 23 – Humanisierung des Strafrechts im 18. Jahrhundert:

Abb. Foto Zuchthaus Amberg. Foto: Claudia Kick.

Abb. Stich Zuchthaus in Schwabach 1761: Zeichnung: CC Bruckner, Stich: Joh. Sebastian Leitner. Abgedruckt in „Schwabach – Zur Stadtgeschichte von 1648 bis zur Gegenwart", Heinrich Schlüpfinger, 1986.

Quelle Speiseplan im Amberger Zuchthaus 1801: „Oberpfälzisches Wochenblatt", Nr. 30 vom 23. Juli und Nr. 31 vom 30. Juli 1801. Verwendet wurde ein Exemplar aus der Provinzialbibliothek Amberg.

Zum Zuchthaus in Amberg siehe auch „Die Justizvollzugsanstalt Amberg in Vergangenheit und Gegenwart", Manfred Mühlbauer und Hans Grüner, Dokumentation im Rahmen der 950-Jahr-Feier der Stadt Amberg im Jahr 1984.

Tafel 24 – Zinken (Geheimzeichen):

Abb. Grafik traditionelle Zinken: Zeichnung von Bernhard Weigl, nach einer Sammlung von traditionellen Gaunerzinken auf Wikipedia.

Allgemein zu solchen Zeichen siehe auch „Rotwelsch – Quellen und Wortschatz der Gaunersprache und der verwandten Geheimsprachen", Friedrich Kluge, Straßburg 1901.

Tafel 25 – Räuber in Lied, Gedicht und Literatur:

Abb. Buchtitel „Ronja Räubertochter" von Astrid Lindgren: Oetinger-Verlag. Privatbesitz.

Abb. Buchtitel „Der Räuber Hotzenplotz" von Otfried Preußler: Thienemann-Verlag. Privatbesitz.

Abb. Buchtitel „Die Räuber" von Friedrich Schiller: Titelblatt des Erstdruckes 1781: Wikipedia Foto H.-P. Haack.

Abb. Buch mit Lebensbeschreibung des Bayerischen Hiasl, 1772: *„Leben und Ende des berüchtigten Anführers einer Wildschützenbande Mathias Klostermayrs, oder des sogenannten Bayerischen Hiesels…"*, Augsburg, Frankfurt und Leipzig, Jakob Friedrich, 1772. Gemeinfrei über Wikipedia.

Abb. Filmplakat „Der Schinderhannes" von 1958: Filmplakat „Illustrierte Film-Bühne", 1958.

Die zunehmende Digitalisierung von historischen Zeitungen und anderen Unterlagen macht Funde möglich, die man bisher nur durch Zufall entdecken hätte können. So tauchte jetzt (2022) ein Artikel aus der Zeitung *„Staats-Relation derer neuesten Europäischen Nachrichten und Begebenheiten"* vom 10 Juli 1795 auf. Der Artikel erklärt, dass sich ein gewisser Wolfgang Troglauer aus Nürnberg in Oettingen in Haft befand. Ohne Zweifel handelt es sich dabei um den jüngeren Bruder Franz Troglauers. Dieser hatte 1790 in der nürnbergischen Vorstadt Gostenhof geheiratet. 1790 war er kurz in Forchheim inhaftiert. 1798 wird er in Steckbriefen als „Beständner" der Wirtschaft auf der Hadermühle vor Nürnberg genannt. Im gleichen Jahr gelang ihm die Flucht aus der Haft in der Festung Wülzburg bei Weißenburg. In Bamberg wurde er jedoch wieder eingefangen.

Der Zeitungsausschnitt vom 10.07.1795:

„Nachdeme der punkto furti dahier zu Arrest gebrachte Webersgesell, Wolfgang Troglauer von Nürnberg, in den mit demselben vorgenommenen Verhören einbekennet, daß er die bei ihme vorgefundene 3 gedrülchte flächsene Tischtücher, wovon 2 Stücke mit den Buchstaben N. bezeichnet, ein flächsenes Leilach, ebenfalls mit dem Buchstaben N. von rothen Türken-Garn bezeichnet, ein noch ziemlich guter gedüpfelter kottunener Weiberrock, ein gleichfalls noch ziemlich guter Weiberrock von weissen Barchent, ein noch guter rother mit weissen Streifen versehener Weiberschurz von Schlesischer Leinwand, und ein weiß- roth- und blaugestreiftes Schnupftuch in seiner Hieherreise von Augsburg zwoen mit ihme gegangenen Weibspersonen, als er mit denenselben im Wirthshaus in dem Reichsstift Kaisersheim eingekehrt, gestohlen, und sich damit fortgeschlichen habe; so wird solches hierdurch öffentlich bekannt gemacht, und der oder diejenige, welche sich als Eigenthümer besagter gestohlenen Waaren hinreichend legitimiren können, sub praefixione termini eines ¼ tel Jahrs hiemit aufgerufen, bei dem hiesigen Oberamt Aug. Conf. um so mehrers zu melden, als sie nach Verstreichung dieses peremtorischen Termins nicht weiters mehr gehöret werden. Oettingen am 30 Juny 1795.

Hochfürstl. Oetting-Oetting, und Oetting-Spielbergisches Oberamt allda."

Weitere Bücher des Autors:

„Der Galgen ist mein Grab – auf den Spuren der Räuberbande des Franz Troglauer durch Oberpfalz und Franken". 128 Seiten, Verlag Eckhard Bodner – Pressath 2005, ISBN: 3-937117-22-9, Preis 12,90 Euro.

„Burg Parkstein – Ein Führer durch eine der einstmals wichtigsten Festungen der Oberpfalz". 96 Seiten, Verlag Eckhard Bodner – Pressath 2014, ISBN: 978-3-939247-50-0, Preis 16,80 Euro.

„Der Tod ist nichts für Deppen – Seltsame Geschichten über noch seltsamere Begegnungen". Siebzehn kuriose Kurzgeschichten. 144 Seiten, Verlag Books on Demand (BoD) 2020, ISBN-13: 9783752602838, Preis 6,- Euro.